Psychologie du développement

Céline CLÉMENT
Élisabeth DEMONT

Psychologie du développement

DUNOD

Dans la même collection

- S. Berjot, G. Delelis, *Psychologie sociale*
- A. Bonnet, L. Fernandez, *Psychopathologie*
- N. Guéguen, *Méthodologie en psychologie*
- N. Guéguen, *Statistique en psychologie*
- N. Guéguen, *Les tests d'inférence en psychologie*
- F. Lebaron, *Sociologie*
- A. Lieury, *Psychologie cognitive*

Conseiller éditorial : Stéphane Rusinek

ISBN 978-2-10-051357-4

Table des matières

1
Comprendre la psychologie du développement

2
Le développement psychomoteur

3

Le développement cognitif

4

Le développement social

5

Les troubles du développement

I

Comprendre la psychologie du développement

Fiche 1

Définition de la psychologie du développement

1 De la psychologie de l'enfant à la psychologie du développement

Classiquement, les synonymes proposés à la psychologie du développement sont *psychologie de l'enfant* ou *psychologie génétique*. Ces différentes terminologies ne sont cependant pas véritablement substituables les unes aux autres mais renvoient à des objectifs distincts.

La **psychologie de l'enfant** s'intéresse au développement de l'enfant de la naissance à l'adolescence. La **psychologie génétique**, terminologie proposée par Jean Piaget, est centrée quant à elle sur l'aspect évolutif des comportements, *i.e.* sur leur genèse. Du fait des confusions possibles avec la génétique, l'étude de l'hérédité, cette terminologie est de moins en moins utilisée. Si la psychologie génétique s'intéresse également aux phénomènes relatifs à la transmission des caractères héréditaires, elle dépasse ce cadre en s'intéressant également aux influences du milieu et de l'exercice sur le développement.

Actuellement, la terminologie **psychologie du développement** est la plus communément utilisée. À l'instar de la psychologie génétique, l'objet de la psychologie du développement concerne l'analyse des changements développementaux et l'étude de multiples facteurs et de leur interaction intervenant sur l'évolution. Elle ne se restreint pas aux changements qui se produisent pendant l'enfance mais s'intéresse à l'ensemble des changements qui se produisent dès la conception jusqu'à la fin de la vie. Enfin, elle intègre de plus en plus le développement des enfants porteurs de handicaps dont l'étude vient enrichir les modèles généraux du développement.

2 Objectif de la psychologie du développement

L'étude du développement humain est l'étude descriptive et explicative de l'évolution d'une personne dans le temps, dans ses aspects quantitatifs et ses aspects qualitatifs.

■ *L'étude de l'évolution dans le temps*

Étudier le développement d'un individu de sa conception jusqu'à sa mort revient à s'intéresser au **développement ontogénétique** (ou ontogenèse). En revanche, lorsqu'on s'intéresse au développement d'une espèce, l'espèce humaine, au travers du temps (*e.g.* comment est apparu le langage ?), on parle alors de **développement phylogénétique** (ou phylogenèse). Enfin, étudier le développement d'un individu dans une situation d'apprentissage donnée (*e.g.* apprentissage de la lecture) revient à s'intéresser au **développement microgénétique** (ou microgenèse).

■ *L'étude de l'évolution dans ses aspects quantitatifs et qualitatifs*

Les changements développementaux peuvent consister en des changements quantitatifs et/ou qualitatifs. L'accroissement de la taille, la prise de poids, l'extension du vocabulaire, etc., sont autant d'illustrations de changements quantitatifs. Ces changements graduels et cumulatifs sont assez simples et relativement faciles à mesurer. Les changements qualitatifs sont pour leur part plus complexes à étudier et se caractérisent par des changements de nature (*e.g.*, on peut distinguer ainsi l'enfant qui parle d'un bébé qui est encore au stade non verbal). Les changements peuvent donc être soit quantitatifs et continus, soit qualitatifs et discontinus (*cf.* figure 1.1).

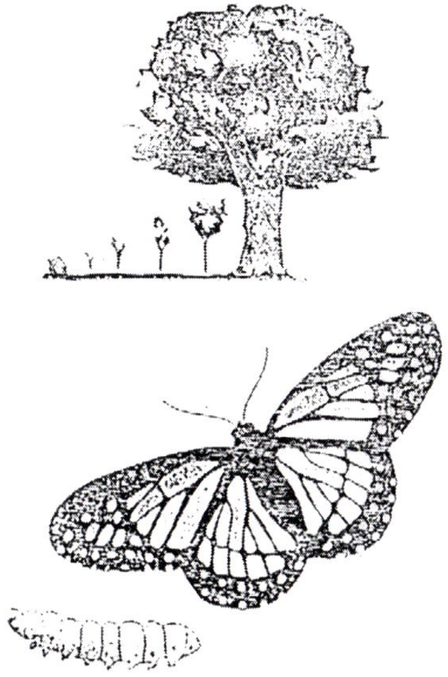

Figure 1.1
Illustration de changements quantitatifs et de changements qualitatifs

■ *L'étude descriptive vs l'étude explicative*

À l'origine, la psychologie du développement s'attachait à décrire les changements observables et à élaborer des normes chronologiques du développement. Toutefois, la seule description des changements n'est pas explicative. Conformément à la démarche scientifique, l'étape suivante consiste à prédire le comportement, *i.e.* remonter à la cause des changements. Il s'agit de comprendre quels sont les facteurs du développement. Comment s'organisent les comportements entre eux dans une même étape ? Quels sont les processus de transition entre les étapes ?

3 De la conception classique à la perspective life-span

La notion de développement est associée à une période de changements rapides et normés par l'âge. Le développement est considéré être caractéristique de la jeunesse et se manifeste par des gains. La finalité du développement est la maturité. Dans cette perspective, les adultes ne se développeraient pas mais vieilliraient. Le vieillissement consiste en des changements survenant après la maturité, caractérisés par des pertes et/ou une détérioration des fonctions (*e.g.* chute des cheveux, diminution de la vue, troubles de la mémoire). Ce processus inévitable et universel est vu comme une période de déclin dont la finalité est la mort. Selon la conception classique, le développement est en plein essor durant l'enfance, s'arrête brusquement à la fin de l'adolescence, demeure stationnaire au début de l'âge adulte pour amorcer à l'âge mûr un déclin qui se poursuit au cours de la vieillesse.

De nos jours, les psychologues reconnaissent que le développement ne se termine pas avec l'accession à la maturité physique mais se poursuit tout au long de la vie. L'approche vie-entière réfute l'idée qu'un état de maturité mettrait un terme au développement individuel et conteste la vision d'un déclin inéluctable et généralisé des fonctions psychologiques avec l'âge.

Si durant l'enfance, les changements se caractérisent surtout par un accroissement quantitatif ou qualitatif des habiletés, les changements à l'âge adulte peuvent prendre plusieurs directions. Accroissement, augmentation pour certains (*e.g.* enrichissement du vocabulaire), diminution, voire régression à une étape antérieure (*e.g.* diminution de la force physique) ou encore apparition d'une nouvelle habileté (*e.g.* transformation des connaissances et de l'expérience en sagesse).

En conséquence, les changements avant la maturité sont parfois des pertes et après la maturité sont parfois des gains.

Enfin, les changements sont à l'origine de fortes variations intra- et/ou interindividuelles. Les variations interindividuelles renvoient aux différences entre les individus. Les variations intra-individuelles renvoient en revanche aux changements individuels permettant de comparer le comportement d'un individu avec son comportement ou son statut antérieur. Par exemple, un événement heureux permettra à une personne de développer une facette jusque-là inexploitée alors qu'un choc majeur pourra bouleverser la vie physique, intellectuelle ou émotive d'un individu qui menait jusqu'alors une vie sans difficultés importantes.

Pour aller plus loin

BIDEAUD J., HOUDÉ O., PÉDINIELLI J.-L. (1995). *L'Homme en développement*. Paris : PUF.

BEE H. (2003). *Psychologie du développement*. De Boeck Université.

TOURRETTE C., GUIDETTI M. (2002). *Introduction à la psychologie du développement : du bébé à l'adolescent*. Paris : Armand Colin.

Fiche 2
Le concept de développement

1 Les facteurs du développement

La psychologie du développement s'intéresse à l'étude des multiples facteurs – et de leur interaction – susceptibles d'expliquer les changements développementaux (*cf.* fiche 1). Trois facteurs principaux sont responsables du développement : les facteurs biologiques, les facteurs sociaux et enfin les facteurs cognitifs.

1.1 Les facteurs biologiques

Le développement du cerveau, la croissance physique (poids, taille), les capacités motrices ou encore les changements hormonaux observés à la puberté sont autant d'illustrations de l'ontogenèse physique. Le terme de maturation est le plus fréquemment utilisé pour décrire ces changements liés à un processus séquentiel de changements programmés génétiquement. Les psychologues considérant le développement comme un processus entièrement et strictement déterminé par des facteurs biologiques, par le génotype fixé dès la conception, sont appelés des maturationnistes, des innéistes ou encore pré-formistes. Selon ces théoriciens, le capital génétique détermine tout le développement indépendamment des circonstances ou stimulations externes.

Cependant, l'environnement social exerce toujours une influence. Par exemple, une mauvaise nutrition risque d'entraver la croissance physique programmée. Ou encore, un bébé évoluant dans un environnement peu stimulant n'aura pas un développement des connexions neuronales aussi important qu'un bébé évoluant dans un environnement riche et varié.

1.2 Les facteurs sociaux

À côté de l'horloge biologique, il existe une horloge sociale qui définit pour sa part une suite d'expériences culturelles communes et survenant généralement au même âge dans une société donnée (par exemple, le début de la scolarité obligatoire est fixé en France à 6 ans). Contrairement aux facteurs biologiques, les facteurs sociaux sont initiés par l'environnement. En ce sens, ils ne sont pas préprogrammés mais largement organisés par le monde social et notamment par les expériences de vie. Parmi ces expériences, il est possible de distinguer l'environnement biologique individuel (nutrition, soins de santé, survenue d'accidents…) et l'environnement social (famille, école, pairs, médias…). Les psychologues mettant en avant les facteurs sociaux comme responsables du développement appartiennent au courant empiriste (en opposition au courant innéiste).

1.3 Les facteurs cognitifs

Les changements dans la pensée, l'intelligence et le langage constituent des exemples des facteurs cognitifs. Ils impliquent la conscience cognitive de soi et du monde : ce qui nous donne un certain contrôle sur la construction de nous-mêmes, de notre situation et le traitement conscient et intentionnel de l'expérience. Ils nécessitent que l'individu soit capable de penser au sujet de son passé et de son avenir, soit capable de former des objectifs et des intentions. Ces facteurs sont les plus ouverts et les moins programmés et sont intimement liés aux deux précédents : sans cortex fourni par l'ontogenèse physique d'une part et sans connaissance stable de son environnement d'autre part, la généralisation cognitive ne peut se développer.

Le développement est considéré être le produit de l'interdépendance de ces trois facteurs qui sont étroitement interreliés. S'il est clair que le développement est sous le contrôle de l'ontogenèse physique (plus particulièrement au début de la vie), il deviendrait de moins en moins canalisé. Les facteurs cognitifs et environnementaux seraient de plus en plus importants. Ainsi, avoir pour seule information « *une personne de 70 ans* » apporte peu de renseignements sur la personne en dehors du fait qu'elle a 70 ans mais ne renseigne aucunement sur son état de santé, ses capacités intellectuelles, ses ressources économiques ou son mode de vie.

2 Les influences multiples sur le développement

Lorsque les individus accèdent à un nouveau statut (devenir parent, entrer dans la vie active), ils changent souvent de façon prédictible. Ils peuvent cependant également changer de façon inattendue. Distinguer entre les changements prédictibles et les changements non prédictibles amène à prendre en considération trois sources majeures d'influences.

2.1 Les événements normatifs liés à l'âge

La marche, le langage, la puberté, ou encore le début de la scolarisation [...] sont autant d'événements rencontrés par chaque individu d'une culture donnée au même moment de sa vie, à un âge donné. Comme leur nom l'indique, ces événements sont étroitement liés à l'âge chronologique. Ils incluent non seulement des repères biologiques (*e.g.* puberté, ménopause) mais également des repères socioculturels (*e.g.* durée de la scolarisation obligatoire, âge de départ à la retraite). Ces événements sont responsables des différences intra-individuelles (*i.e.* changent les capacités d'un individu) et interindividuelles (*i.e.* sont à l'origine des différences entre les groupes d'âge). Ils tendent simultanément à augmenter les similarités entre les individus – même si leur intensité varie en fonction du sexe et/ou de la classe sociale. Enfin, leur début, leur durée ou encore leur direction sont prédictibles.

2.2 Les événements normatifs liés à l'époque historique

Ils concernent tous les individus qui vivent à la même époque et au même endroit. Ils incluent des changements économiques (*e.g.* crise économique des années trente, Seconde Guerre mondiale) et/ou des changements culturels (*e.g.* changements du rôle de la femme, développement de l'informatique et d'Internet). Ces événements ne sont pas corrélés avec l'âge mais sont le résultat de circonstances existant à un moment particulier de l'histoire. Si leur survenue affecte tout individu qui vit au moment où survient l'événement, leurs effets peuvent cependant varier en fonction de l'âge de l'individu.

2.3 Les événements non normatifs

Gagner au loto, perdre son emploi, avoir un cancer sont des illustrations d'événements non normatifs dans la mesure où ils n'affectent pas tous les membres d'une société. S'ils ne surviennent que pour une minorité d'individus, ils ont néanmoins un impact important sur les individus concernés. Certains de ces événements sont d'ordre physique (*e.g.* cancer, diabète, maladie d'Alzheimer, accident cardio-vasculaire) ou social (*e.g.* perte de son emploi, divorce, décès accidentel des parents).

Ils peuvent être négatifs mais peuvent aussi être heureux (*e.g.* héritage inattendu, promotion professionnelle). Qu'il soit positif ou négatif, ce type d'événement risque d'être plus stressant qu'un événement normatif dans la mesure où la personne qui le vit ne s'y attend pas et peut avoir besoin d'une aide spéciale pour s'y adapter.

Au final, le développement est le résultat de l'interaction de ces trois catégories d'événements.

Pour aller plus loin

BEE H. (2003). *Psychologie du développement*. De Boeck Université.

TOURRETTE C., GUIDETTI M. (2002). *Introduction à la psychologie du développement : du bébé à l'adolescent*. Paris : Armand Colin.

Fiche 3
Les méthodes d'étude en psychologie du développement

1 L'observation

1.1 Des monographies biographiques aux observations normatives

Dès la fin du XVIIIe siècle, l'observation a été la première méthode utilisée pour étudier le développement. Initialement, il s'agissait de l'observation d'un enfant particulier donnant lieu à la rédaction de monographies biographiques.

> **Exemple** : la monographie la plus ancienne serait celle du développement de Louis XIII par son médecin Heroard.

L'évolution scientifique a conduit à considérer les observations d'enfants particuliers comme trop subjectives pour satisfaire aux exigences scientifiques et a amené les chercheurs à se tourner vers l'observation d'un grand nombre d'enfants dans des conditions définies. Ces observations, qualifiées de normatives, permettent d'accéder à des lois générales de développement en fournissant des normes ou des points de repère dans l'âge d'acquisition des différentes conduites. À partir de ces repères, il est possible de situer un enfant par rapport aux enfants de même âge et dépister ainsi l'anormalité (*i.e.* détecter les déviations en jugeant si le développement d'un enfant est en avance ou en retard par rapport à ce qui est habituellement observé chez les enfants du même âge). Les observations normatives sont à l'origine des tests (*cf.* p. 15 la méthode clinique armée).

Une illustration : les travaux de Gesell

Gesell, psychologue américain, réalise en 1925 une observation systématique, lors des premières années, des différents aspects du développement (domaines moteur, langagier, adaptatif et social). À partir de cette description minutieuse, il élabore le premier baby-test permettant d'établir des niveaux et des quotients de développement. Adaptant le test de Gesell à la population française, Brunet et Lézine élaboreront en 1951 l'échelle de développement psychomoteur de la première enfance (*cf.* Fiche 6, p. 40).

> **Exemple** : description des moments successifs de l'évolution de la préhension manuelle et de la coordination visuo-motrice de la naissance à plus d'un an : depuis les mouvements de préhension réflexe aux premiers mouvements coordonnés vers un objet perçu jusqu'à la préhension fine avec opposition pouce-index.

I.2 Élaboration d'une grille d'observation

En opposition à l'observation subjective, également appelée introspection, seule l'observation objective présente un intérêt scientifique dans la mesure où elle est communicable, répétable et donc vérifiable. La fiabilité de l'observation nécessite l'élaboration et l'utilisation d'une grille d'observation. En effet, un observateur n'est pas capable de prêter attention à l'apparition d'une quantité de comportements différents et/ou d'observer simultanément sans discontinuer plusieurs individus en interaction le plus souvent les uns avec les autres. Dans ces conditions, la constitution d'une grille d'observation va permettre :

- un découpage de la situation en unités identifiables correspondant par exemple à la liste des comportements à observer dans la situation donnée ;

- un système de notation que le ou les observateurs pourront facilement mettre en œuvre (*e.g.* adoption d'une notation binaire avec 0 : non-apparition du comportement et 1 : apparition du comportement).

Lorsqu'il s'agit d'un phénomène bref et de durée assez constante, l'observation peut s'effectuer en continu. Cependant, elle peut devenir impraticable s'il faut par exemple porter simultanément attention à plusieurs phénomènes. L'observateur peut alors avoir recours à une méthode dite d'échantillonnage par unité de temps. Il s'agira alors de noter la présence ou l'absence du (des) comportement(s) pendant des unités temporelles fixées antérieurement.

2 La méthode clinique

Dans son acception initiale, l'activité clinique est celle d'un médecin qui examine au chevet du patient les manifestations de la maladie en vue de poser un diagnostic, un pronostic et de prescrire un traitement : *cf.* l'origine étymologique grecque du mot *klinê* qui signifie le lit.

La méthode clinique consiste à étudier, de façon approfondie, les individus à l'aide des techniques d'investigation diversifiées, pouvant être ou non normalisées (observation, entretien, utilisation de tests). Elle est surtout utilisée dans une visée diagnostique au service d'un individu à prendre en charge, à orienter ou à conseiller.

2.1 La méthode clinique armée

On parle de méthode clinique armée au sujet de l'utilisation de tests psychométriques. Il n'est peut-être pas inutile d'insister sur le fait que les tests constituent un complément à l'examen clinique proprement dit mais ne sauraient en aucun cas le remplacer ou le précéder.

Un test est une épreuve *standardisée* (*i.e.* strictement définie dans ses conditions d'application et de notation) et *étalonnée* (*i.e.* permet de situer la conduite d'un individu parmi celle des individus d'une population elle-même strictement définie, la population d'étalonnage). L'objectif des tests est d'obtenir dans un temps court des informations précises (quantifiables) et objectives (indépendantes de la subjectivité de l'examinateur) sur les caractéristiques de l'individu testé.

Deux types de tests sont utilisés.

- *Les tests cognitifs* permettent d'évaluer l'intelligence générale, les aptitudes ou les connaissances (*e.g.* échelles d'intelligence de Wechsler : WISC, WPPSI). Certains de ces tests permettront d'obtenir des indices tels le quotient de développement et/ou le quotient intellectuel.
- *Les tests de personnalité et les épreuves projectives* (*e.g.* Patte Noire) permettent pour leur part d'objectiver une partie ou l'ensemble des caractéristiques affectives ou relationnelles d'un individu.

À partir des résultats aux tests, le psychologue obtiendra des informations sur les différents aspects du développement de l'individu et pourra, le cas échéant, formuler un diagnostic et/ou un pronostic (*e.g.* bonne ou mauvaise réussite scolaire).

3 La méthode expérimentale

À l'instar des autres disciplines scientifiques, la psychologie du développement utilise la méthode expérimentale en procédant à des « expériences ». L'expérimentation est l'investigation d'un phénomène provoqué (*cf.* Claude Bernard (1813-1878) : « l'expérience est l'investigation d'un phénomène modifié par l'investigateur », *Introduction à l'étude de la médecine expérimentale*, 1865, p. 105) en opposition à l'observation, qui est l'investigation d'un phénomène naturel ou culturel.

La méthode expérimentale comporte quatre phases.

1 La *recherche bibliographique* permet de rechercher les théories explicatives déjà proposées dans la littérature scientifique.

2 La *formulation d'hypothèse(s)* : la méthode expérimentale permet de vérifier empiriquement une ou plusieurs hypothèse(s) formulée(s) par le chercheur. Pour être testable, une hypothèse doit établir une relation entre des faits observables et pouvoir être vérifiée par des procédures objectives.

3 L'*expérimentation* consiste pour le chercheur à manipuler une ou des variables (appelées variables indépendantes, notées le plus fréquemment VI) afin d'étudier leur effet sur une ou plusieurs réponses de l'individu (appelées variables dépendantes ou VD).

4 L'*analyse* et l'*interprétation des résultats* permettent au chercheur de se prononcer sur l'effet de la manipulation des VI sur les VD et de déterminer si cet effet confirme ou infirme l'hypothèse.

3.1 Spécificités de la méthode expérimentale en psychologie du développement

- *Manipulation de l'âge* : lorsqu'il s'agit d'étudier le développement, la première variable qui vient à l'esprit est la manipulation de l'âge en comparant les âges deux à deux. Il existe cependant d'autres variables susceptibles d'être utilisées dans le cadre d'études développementales.
- *Manipulation du niveau de compétence* : il s'agit de manipuler des niveaux de performances à certaines épreuves (*e.g.* niveaux de lecture) déterminés lors d'une phase d'évaluation préalable, appelée prétest. En fonction de leurs performances, les individus seront répartis dans différents groupes expérimentaux (*e.g.* bons lecteurs, lecteurs faibles) soumis à différentes conditions expérimentales.

- *Mise en place de situations d'entraînement ou d'apprentissage* : il s'agit ici de construire des situations de développement en miniature. Le psychologue crée les conditions d'une microgenèse avec l'hypothèse méthodologique que cette microgenèse reflète les processus du développement naturel. Les expériences sont toujours structurées en 3 phases :
  - *Prétest* : destiné à évaluer le niveau initial des individus à l'aide d'une (plusieurs) épreuve(s) relative(s) au domaine étudié.
  - *Entraînement* : phase expérimentale proprement dite consistant à faire varier les conditions de l'entraînement. Un autre groupe, appelé groupe contrôle, est entraîné quant à lui à l'aide d'une autre variable supposée n'avoir pour sa part aucun effet sur le comportement étudié.
  - *Post-test immédiat ou différé* : correspondant à la réplique exacte du prétest immédiatement après la phase d'entraînement ou après un délai qui peut être variable.

3.2 Les plans quasi expérimentaux

En recherche clinique, il est parfois impossible de réunir un groupe de sujets présentant les mêmes caractéristiques. On recourt alors aux plans quasi expérimentaux à une seule variable indépendante (Sockeel et Anceaux, 2002). On procède à la quantification d'une ligne de base (phase A), puis on introduit un traitement ou une intervention (phase B). Le sujet est ici son propre contrôle. Néanmoins le plan AB est insuffisant. Le comportement du sujet peut avoir été modifié par une variable non contrôlée par l'expérimentateur. L'ajout d'une seconde phase A permet de contrôler que le changement est effectivement le résultat de l'introduction de l'intervention ; on parle d'un plan ABA. En règle générale, la phase B vise à améliorer le fonctionnement du sujet. Du point de vue éthique il est donc problématique de rester sur une phase A, on ajoute alors une seconde phase B ; on obtient alors un plan ABAB (figure 3.1).

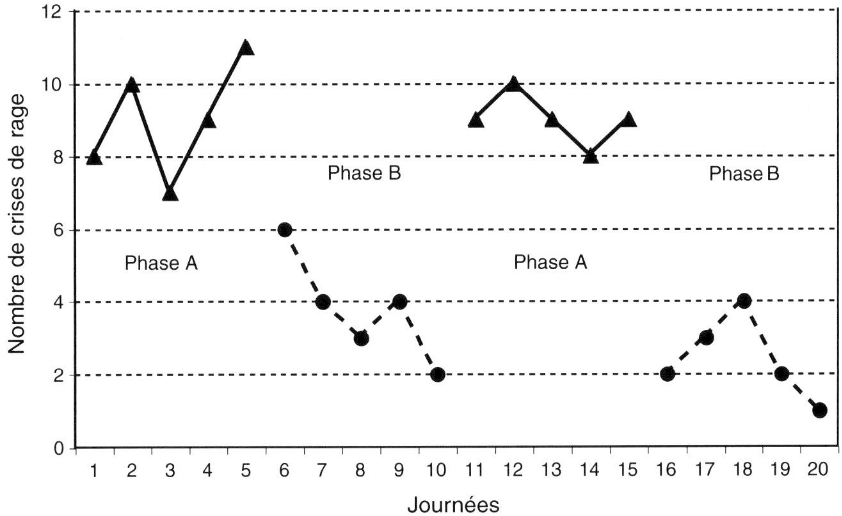

Figure 3.1

Nombre de crises de rage en fonction des différentes phases de l'intervention

Les phases A, ou niveaux de base, consistent à prêter attention aux crises de rage de l'enfant. Les phases B, correspondant à l'intervention, consistent à mettre l'enfant en retrait temporaire sans prêter attention aux crises de rage lorsque celles-ci surviennent (données fictives).

La psychologie du développement se trouve à l'interface de la psychologie expérimentale et de la psychologie clinique.

D'une part, le recours à la méthode expérimentale en psychologie du développement permet d'enrichir les connaissances théoriques sur le développement en procédant essentiellement à des expériences.

D'autre part, le recours à la méthode clinique permet aux psychologues développementalistes de prendre en charge un individu à l'aide des techniques d'investigation diversifiées, pouvant être ou non normalisées.

Pour aller plus loin

BIDEAUD J., HOUDÉ O., PÉDINIELLI J.-L. (1995). *L'Homme en développement.* Paris : PUF.

GUÉGUEN N. (2007). *Méthodologie en psychologie en 30 fiches*. Paris : Dunod.

GUILLEVIC C., VAUTIER S. (1998). *Diagnostic et tests psychologiques.* Paris : Nathan.

SOCKEEL P., ANCEAUX F. (2002). *La Démarche expérimentale en psychologie.* Paris : In Press.

TOURRETTE C., GUIDETTI M. (2002). *Introduction à la psychologie du développement : du bébé à l'adolescent*. Paris : Armand Colin.

Fiche 4
Les approches en psychologie du développement

Les différentes méthodes – observation, méthode clinique et méthode expérimentale – permettent d'étudier le développement en adoptant deux approches complémentaires (approche longitudinale et approche transversale).

1 L'approche longitudinale ou l'étude du développement « en temps réel »

Elle consiste à suivre le développement d'individus en temps réel pendant un laps de temps déterminé. Le développement est suivi d'un moment T_1 (début de la recherche) à un moment T_n (fin de la recherche) avec éventuellement plusieurs mesures intermédiaires (T_2, T_3, T_4, etc.). La durée du suivi peut varier (de quelques jours à plusieurs années) ainsi que le rythme des mesures intermédiaires (tous les jours, plusieurs fois dans l'année, tous les ans).

■ *Intérêts*

L'approche longitudinale reposant sur l'examen répété du (des) même(s) individu(s) à des âges successifs permet d'appréhender le processus développemental, *i.e.* d'appréhender les différences intra-individuelles et non interindividuelles.

■ *Limites*

Les études longitudinales sont coûteuses en temps et donc sujettes à certains biais, notamment mortalité expérimentale en cours d'étude. Les individus perdus en cours d'étude (*e.g.* maladie ou déménagement) ne sont pas retenus dans l'analyse finale des données. Cette perte de sujets risque alors d'affecter la représentativité de l'échantillon.

Du fait des examens successifs, il existe un risque d'entraînement et/ou de mémorisation lié au retest à l'aide des mêmes instruments d'évaluation. Une modification des situations et/ou des épreuves semble nécessaire mais il y a alors un risque de ne plus mesurer exactement la même chose.

Enfin, un dernier inconvénient de l'approche longitudinale est l'absence de rentabilité scientifique à court terme du point de vue des exigences de publication.

2 L'approche transversale ou l'étude du développement « stratifié »

Elle vise à décrire l'évolution sans attendre le développement en temps réel. Elle consiste à étudier une seule fois et à un moment donné le développement entre deux (ou plusieurs) groupes d'âges différents.

Dans la mesure où chaque individu n'est observé qu'une seule fois, l'approche transversale permet de relever les différences interindividuelles et non les différences intra-individuelles. Elle repose sur l'hypothèse sous-jacente que les différents groupes étudiés au moment T_1 sont représentatifs d'une population unique qui aurait été examinée en temps réel de T_1 à T_n avec l'approche longitudinale.

■ *Intérêts*

L'approche transversale se caractérise par la rapidité temporelle du recueil des données et la pluralité des groupes étudiés. Elle échappe aux principaux inconvénients du suivi longitudinal (notamment effet des examens successifs, risque de mortalité expérimentale).

■ Limites

Elle présente cependant de nouvelles limites. Dans le cadre d'études transversales comparant des groupes d'âges très différents, les individus d'un âge donné peuvent avoir été soumis à des conditions particulières (*e.g.* conditions d'éducation, conditions environnementales). Ce qui les rend alors différents des individus des autres groupes d'âge. Il est alors difficile de déterminer si les différences résultent de changements développementaux ou de l'appartenance à des cohortes différentes.

L'analyse des études transversales repose sur la comparaison des résultats moyens par groupes d'âge pour mettre en évidence un profil de développement. La moyenne peut donner une image du développement qui n'apparaît en fait chez aucun individu : l'individu « moyen » n'existant pas ! La validité de la recherche repose alors sur le respect strict d'un certain nombre de critères méthodologiques et statistiques (un des plus importants étant sans doute un nombre élevé de sujets).

3 L'approche transversale séquentielle ou méthode mixte

L'approche longitudinale et l'approche transversale n'apportent pas les mêmes informations et sont plus complémentaires que concurrentes. Pour limiter les inconvénients et cumuler les avantages de l'une et de l'autre, il est possible de les combiner en une approche dite « transversale séquentielle ».

Cette combinaison consiste à réaliser plusieurs mesures à différents moments (en T_1, T_2, T_3, …, T_n) sur plusieurs groupes différents d'âges successifs. Ce qui a pour conséquence de réduire la durée du suivi des mêmes individus au cours de leur développement.

> **Exemple** : Étude de quatre groupes d'enfants ayant un an de différence (approche transversale) et suivis tous les ans pendant 3 ans (approche longitudinale).

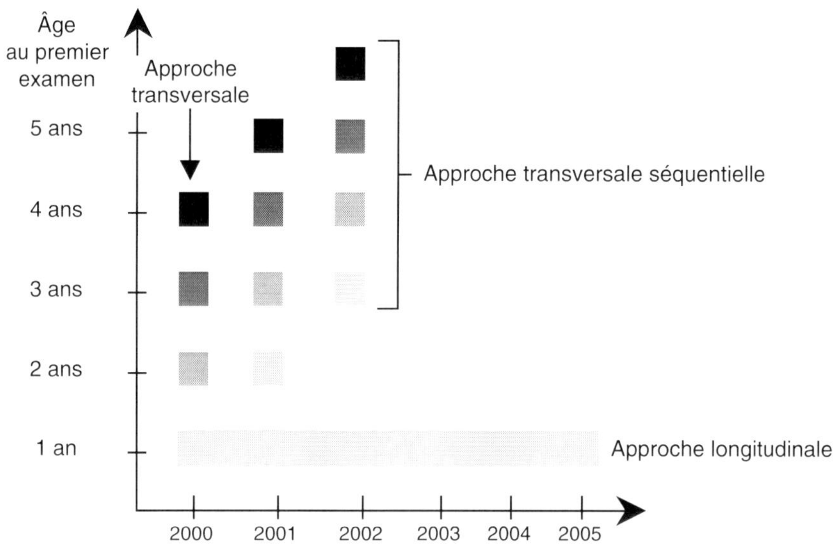

Figure 4.1

Illustration des 3 approches : approches longitudinale, transversale et transversale séquentielle

> L'approche transversale permettra la comparaison des 4 groupes dès la première année de l'étude. De plus, le suivi longitudinal des 4 groupes sur 3 ans permettra d'appréhender le processus développemental au sein de chaque groupe.

Pour aller plus loin

BIDEAUD J., HOUDÉ O., PÉDINIELLI J.-L. (1995). *L'Homme en développement.* Paris : PUF.

BEE H. (2003). *Psychologie du développement.* De Boeck Université.

TOURRETTE C., GUIDETTI M. (2002). *Introduction à la psychologie du développement : du bébé à l'adolescent.* Paris : Armand Colin.

2

Le développement psychomoteur

Fiche 5
Le nouveau-né

1 Le développement prénatal

La période de gestation pour l'espèce humaine est de 38 semaines (environ 265 jours). Celle-ci est divisée en trois périodes de durées inégales.

1.1 Les périodes de gestation

- La période germinale : de la conception jusqu'à l'implantation dans la cavité utérine environ 8/10 jours après la fécondation. Le zygote, ou œuf fécondé, se déplace le long de la trompe de Fallope. Lorsqu'il atteint l'utérus, l'organisme est un blastocyte d'environ 100 cellules.
- La période embryonnaire : de l'implantation jusqu'à 8 semaines de gestation. Pendant cette période, les organes de base prennent forme et l'embryon commence à répondre à certaines stimulations. Le fœtus commence à s'ossifier. Le placenta se développe.
- La période fœtale : de la neuvième semaine jusqu'à la naissance. Les divers organes intègrent leurs activités et le système nerveux central débute un développement majeur. Le système nerveux se compose de deux types de cellule de base, les **neurones** et les cellules **gliales**. Le fœtus devient plus actif et s'engage dans des activités

plus variées ; des mouvements peuvent être perçus par la mère à la fin du 4e mois. Une partie de l'activité du fœtus est endogène, provenant du processus de maturation en lui-même ; une autre partie est exogène, résultant de réponses aux stimulations environnementales.

1.2 Les agents tératogènes

Le fœtus est indirectement affecté par les événements affectant sa mère. Parmi les agents tératogènes les plus connus, on note les virus comme le VIH-Sida et la rubéole. L'alcool et le tabac sont deux autres agents tératogènes souvent sous-estimés.

La consommation de **tabac** induit une accélération du rythme cardiaque du fœtus dès que la mère fume une cigarette. On note également un risque plus élevé d'hémorragies intracrâniennes. Il est avéré que la consommation régulière de tabac pendant la grossesse provoque un retard de croissance intra-utérin et un risque accru de naissance avant terme.

L'alcool traverse aisément la barrière placentaire, les concentrations d'éthanol dans le liquide amniotique atteignent donc des valeurs comparables à celles du sang maternel. L'alcool, ou précisément l'éthanol, affecte le développement du système nerveux et ce d'autant plus que le foie et le rein du bébé sont immatures et ne peuvent éliminer l'alcool. La « consommation zéro » est donc la recommandation la plus raisonnable. Le **Syndrome d'Alcoolisation Fœtale** (SAF) est la manifestation la plus sévère de la consommation régulière d'alcool pendant la grossesse. Ce peut être aussi la conséquence d'une consommation excessive ponctuelle. On observe un déficit cognitif, des troubles de l'attention, une instabilité psychomotrice. En France, le SAF est ainsi la première cause non génétique de handicap mental chez l'enfant.

2 Le nouveau-né

En moyenne, le bébé né à terme pèse 3,250 kg et mesure 50 cm. Son périmètre crânien est de 34 cm.

2.1 Les réflexes

Un **réflexe** est une réponse qui ne dépend d'aucun apprentissage préalable. On peut donc parler de réponse inconditionnelle. Les nouveau-nés présentent une série de réflexes (tableau 5.1). Certains ont une valeur adaptative et participent de la survie de l'espèce, c'est le cas des réflexes de succion ou des points cardinaux. D'autres réflexes ont probablement eu une fonction de survie dans l'histoire évolutive de notre espèce (ex : réflexe de Moro). On parle parfois de **réflexes archaïques**. Certains permettent au bébé et aux donneurs de soin d'établir des interactions positives (ex : succion, préhension). Enfin, quelques réflexes forment la base d'habiletés motrices plus complexes se développant ultérieurement (ex : la marche).

Tableau 5.1
Nom et description de quelques réflexes

Succion	Mouvements de succion lorsque l'on place un doigt dans la bouche du bébé
Points cardinaux	Le bébé tourne la tête lorsqu'on lui stimule la joue
Moro	Le bébé ouvre les bras en croix lorsqu'il y a un bruit soudain si on simule une chute
Préhension	Le bébé serre fermement un objet ou un doigt qu'on lui place dans la main
Marche	Le bébé lève les jambes l'une après l'autre lorsqu'il est maintenu debout sur une surface plane

Il importe au pédiatre de tester les réflexes afin de repérer d'éventuels dommages cérébraux. Il sera particulièrement attentif à leur présence/absence, leur amplitude, leur rigidité. Au-delà d'un certain âge, certains d'entre eux doivent normalement disparaître.

2.2 La continuité transnatale

La période de gestation permet l'établissement des premiers apprentissages. La persistance de certains comportements entre la période néonatale et la naissance signe ce que l'on nomme la continuité fonctionnelle transnatale. C'est le cas des compétences motrices, des compétences sensorielles et des compétences cognitives. En 1980, DeCasper et Fifer ont montré que les nouveau-nés préféraient le son de la voix de leur mère à celle du père ou d'une autre femme. Les recherches ultérieures (DeCasper et Spence, 1986) ont démontré que cette préférence était acquise **in utero**. Les nouveau-nés préféraient l'histoire qui avait été racontée par leur mère pendant les six semaines et demi précédant la naissance à une autre histoire, inconnue. On parle ici de continuité mnésique **transnatale.**

2.3 Les compétences sensorielles

- **Audition :** le nouveau-né possède une capacité de détection des sons à peu près équivalente à celle de l'adulte ; quand il est éveillé, il tourne la tête et les yeux vers la source de stimulation. Cependant ses réactions dépendent du type de stimulation (par exemple les bébés préfèrent les sons complexes comme la voix humaine aux sons purs).
- **Vision :** le système visuel est fonctionnel dès la naissance, même s'il n'est pas à son optimum. Il détecte la lumière et réagit en plissant les yeux face aux différences de luminosité. Le nouveau-né préfère les stimulus contrastés ou colorés aux stimulus neutres, les formes complexes aux formes simples. La distance de vision focale optimale (19 cm) correspond à la distance du visage du bébé à celui de l'adulte qui le nourrit. Cependant l'acuité reste correcte pour des stimuli présentés à 30, 60 ou 150 cm. Dès 4 mois, l'accommodation

est équivalente à celle de l'adulte ; c'est essentiellement l'apprentissage qui permet l'amélioration des capacités visuelles (*cf.* Darcheville et coll., 1999).

- **Olfaction :** le nouveau-né réagit différemment selon les odeurs présentées (il détourne la tête des odeurs d'ammoniaque et de vinaigre) et ses expressions faciales varient selon qu'une odeur est désagréable (œuf pourri) ou agréable (fruitée, lactée). À six jours, le bébé tourne plus souvent la tête vers un tampon de gaze imprégné de l'odeur du sein maternel que vers un tampon à l'odeur étrangère.
- **Goût :** le nouveau-né distingue les goûts : sucré, salé, acide, amer. Il a une préférence pour les saveurs sucrées.
- **Toucher et kinesthésie :** le système de perception tactile se développe tôt au cours de la vie intra-utérine. Le nourrisson discrimine les stimulations tactiles après un abaissement du seuil perceptif au cours des premiers jours. Il réagit à la douleur, aux caresses, à l'humidité, au froid. Les contacts corporels et les diverses manipulations lors des soins stimulent le système vestibulaire. Ainsi les nombreuses stimulations motrices et sensorielles des bébés africains portés sur le dos de leurs mères expliqueraient leur avance posturale sur les bébés occidentaux.

3 L'évaluation du nouveau-né

L'évaluation de l'enfant à la naissance est importante pour déterminer les procédures de soin appropriées et préciser les risques éventuels de développement – on sait par exemple que les bébés avec un petit poids de naissance par rapport à leur âge gestationnel sont des bébés à risque du point de vue de la santé. Des échelles précises sont utilisées pour évaluer le nouveau-né : l'indice d'Apgar et l'échelle de Brazelton.

3.1 L'indice d'Apgar

La méthode la plus répandue pour évaluer le nouveau-né est **l'indice d'Apgar** (Virginia Apgar, 1953). Il est réalisé immédiatement après la naissance puis cinq minutes plus tard. Cinq signes sont repérés chez le nouveau-né : la fréquence cardiaque, la respiration, le tonus musculaire, la réponse aux stimuli (réponse des pieds à la stimulation) et la couleur de la peau. Une note de 0, 1 ou 2 est attribuée pour chaque signe. À 5 minutes, 85 à 90 % des nouveau-nés ont une note de 9 ou 10. Pour connaître la vôtre, rendez-vous dans votre carnet de santé !

3.2 L'échelle de Brazelton

L'échelle d'évaluation du comportement néonatal de Brazelton (1984) ou NBAS (Neonatal Behavioral Assessment Scale) a été développée par le pédiatre américain Terry Brazelton. La NBAS examine un éventail de paramètres comportementaux comme **l'orientation** vers un stimulus auditif, visuel ou humain, **l'habituation** aux stimulations de l'environnement, le **système moteur** (tonus musculaire, etc.), **l'organisation des états** (consolabité, propension à sursauter, etc.), **la régulation des états** (activité pour se calmer soi-même)**, le système autonome** (changements de coloration de la peau), **les réflexes.**

Le NBAS n'est pas une simple échelle d'évaluation, elle permet également d'amorcer et/ou développer les relations parents-enfant. L'échelle de Brazelton est utilisée pour amener les parents à considérer leur bébé comme *partenaire dans la relation*. Les parents participent à l'observation des réactions et des réflexes de leur enfant, ce qui les aide à identifier le tempérament particulier de celui-ci. La finalité est de rendre les parents attentifs au style de leur enfant et à l'écoute de ses particularités. Participer à la passation avec un professionnel donne aux parents une occasion de poser des questions et d'exprimer les inquiétudes qu'ils pourraient avoir. De plus, pratiquer la NBAS en présence des parents leur fait prendre conscience de l'extraordinaire répertoire comportemental et des potentialités dont leur enfant est doté.

4 La vie quotidienne du nouveau-né

Un bébé ne fait-il que dormir, pleurer, manger ? Pour répondre à ces questions les chercheurs, dans la lignée de Brazelton, ont distingué cinq principaux états de conscience du nouveau-né : sommeil profond, sommeil actif, éveil calme, éveil actif, pleurs et pleurnichements. La durée d'un cycle, comprenant les cinq états, durerait de 1,5 à 2 heures.

Le nouveau-né passe 90 % de son temps à dormir. Mais vers 6 semaines, les prémisses d'un **rythme circadien** s'établissent pour la plupart des nourrissons. Ils dorment encore 15 à 16 heures par jour ! À l'âge de 6 mois, la durée de sommeil est encore de 14 heures environ. Mais les périodes de sommeil sont plus régulières, y compris celles de la sieste.

Les bébés ne font pas que pleurer ! Selon Korner et coll. (1981), ils pleureraient de 2 à 11 % du temps et le **tempérament** du bébé est un facteur important dans la fréquence des pleurs. Ceux-ci augmenteraient au cours du premier mois et demi de vie de l'enfant puis déclineraient. Ce qu'il importe de noter, c'est que les parents apprennent à distinguer les pleurs de l'enfant (faim, douleur, colère, angoisse), ce qui permet de répondre à ses besoins et de construire le lien d'attachement en entrant en interaction avec lui (*cf.* Fiche 14).

Au cours de ses premières semaines de vie, le bébé peut manger jusqu'à 10 fois par jour. Cette moyenne baisse peu à peu au cours de la première année de vie.

Même si dormir, manger et pleurer sont les activités les plus fréquentes du nourrisson, les périodes d'éveil lui permettent d'entrer en interaction avec son entourage, élément indispensable à son bon développement.

Pour aller plus loin

APGAR V. (1953). « A proposal for a new method of evaluation of the newborn infant », *Current Researches in Anesthesia & Analgesia*, *32*, 260-267.

BRAZELTON T.B., NUGENT J.K. (2001). *Échelle de Brazelton*. Bâle : Médecine & hygiène.

CHIVA M. (1985). *Le Doux et l'Amer*. Paris : PUF.

CICCOTTI S. (2006). *100 petites expériences pour mieux comprendre votre bébé*. Paris : Dunod.

DARCHEVILLE J.-C., MADELAIN L., BUQUET C., CHARLIER J., MIOSSEC Y. (1999). « Conditioning of the smooth pursuit in young infants », *Behavioural Processes*, *46*, 131-139.

DECASPER A.J., FIFER W.P. (1980). « Of human bonding : Newborns prefer their mothers voices », *Science*, *208*, 1174-1176.

DECASPER A.J., SPENCE M. (1986). « Prenatal maternal speech influences newborns' perception of speech sounds », *Infant Behavior and Development*, *9*, 133-150.

KORNER A.F., HUTCHINSON C.A., KOPERSKY J.A., KRAEMER H.C., SCHNEIDER P.A. (1981). « Stability of individual differences of neonatal motor behavior and crying patterns », *Child Development*, *52*, 83-90.

Fiche 6
Le développement psychomoteur de 0 à 2 ans

1 Les changements corporels

Les changements corporels du bébé sont rapides et visibles au cours des deux premières années de vie. Lors de la première année en particulier, les changements sont visibles et/ou mesurables presque jour après jour.

- **Poids.** Le poids du bébé double entre la naissance et l'âge de 5 mois ; il aura presque triplé à 1 an. À 2 ans, l'enfant pèse environ 12 kg.
- **Taille.** Le bébé, jusqu'à 3 mois, gagne environ 3 cm par mois, puis 2 cm jusqu'à 6 mois, et de 1 à 1,5 cm jusqu'à 1 an, où il atteint 75 cm en moyenne. À l'âge de 2 ans, une légère différence est observée entre les filles et les garçons (tailles moyennes respectives de 83 et 85 cm).
- **Périmètre crânien.** Celui-ci doit augmenter régulièrement : 34 cm à la naissance, 45 cm à 1 an, 48 cm à 24 mois. Une stagnation peut empêcher le développement cérébral
- **Proportions.** Les différentes parties du corps grandissent à des rythmes différents. Le développement physique s'effectue dans deux directions. La première est la tendance **céphalo-caudale** (littéralement « de la tête à la queue »). Pendant le développement prénatal, la tête se développe plus rapidement que les parties infé-

rieures du corps. À la naissance, la tête fait 1/4 de la longueur totale du corps, et les jambes 1/3. Le développement de la tête se ralentit ensuite au profit des autres parties du corps ; à l'âge de 2 ans, la tête prend 1/5 de la longueur totale du corps et les jambes presque la moitié. La seconde direction du développement est la tendance **proximo-distale** (littéralement « du plus près au plus loin » ou de l'intérieur vers l'extérieur). Pendant la période prénatale, la tête, le thorax et le tronc se développent d'abord, suivis par les bras et les jambes. Ce sont ensuite les mains et les pieds qui grandissent. Ce schéma se répète au cours des cycles de croissance.

2 Le développement moteur

On distingue la **motricité globale** et la **motricité fine**. La motricité globale fait référence aux mouvements qui permettent à l'enfant d'évoluer dans son environnement : ramper, marcher, s'asseoir, etc. La motricité fine fait référence à des mouvements plus fins : saisir, jeter. On peut également catégoriser les habiletés **locomotrices**, **posturales**, et de **manipulation** (Bee et Boyd, 2003). Les tableaux 6.1, 6.2 et 6.3 vous présentent quelques repères temporels.

Tableau 6.1
Développement des habiletés locomotrices au cours des deux premières années (adapté de Bee et Boyd, 2003)

Habiletés locomotrices	
4 à 6 mois	Couché, se tourne sur lui-même
7 à 9 mois	Fait du « quatre pattes »
10 à 12 mois	Se redresse pour se mettre debout ; se déplace en se tenant aux meubles
11 à 13 mois	Marche seul
16 mois	Monte les escaliers avec de l'aide
24 mois	Marche bien

Il existe de fortes variabilités entre les enfants. Ainsi 3 % marchent à 9 mois, 25 % à 12 mois, 75 % à 15 mois. À 17 mois, 98 % des enfants marchent.

Tableau 6.2
Développement des habiletés posturales
au cours des deux premières années
(adapté de Bee et Boyd, 2003)

Habiletés posturales	
1 mois	Redresse la tête, suit des yeux des stimuli en mouvement
2 à 3 mois	Couché sur le ventre, redresse la tête à 90°
4 à 6 mois	Se tient assis calé par un coussin
7 à 9 mois	Se tient assis sans support
10 à 12 mois	S'accroupit, se penche
13 à 18 mois	Fait rouler une balle
18 à 24 mois	Tire ou pousse des jouets dédiés à cet effet

Tableau 6.3
Développement des habiletés de manipulation
au cours des deux premières années
(adapté de Bee et Boyd, 2003)

Habiletés de manipulation	
2 à 3 mois	Ébauche du geste d'atteinte vers un objet en vue, préhension involontaire lorsque l'on place un objet dans la main du bébé
4 à 6 mois	Atteinte et préhension d'un objet en vue, préhension volontaire de type cubito-palmaire
7 à 9 mois	Se passe les objets d'une main à l'autre
10 à 12 mois	Préhension en pince supérieure fine (avec le pouce et l'index), préférence manuelle pour l'une des deux mains
13 à 18 mois	Empile deux cubes, encastre des jouets avec différentes formes
18 à 24 mois	Empile au moins 4 cubes, tourne les pages d'un livre adapté à son âge, une page à la fois

3 L'évaluation du développement psychomoteur du jeune enfant

Parmi les tests étalonnés permettant d'évaluer le développement du jeune enfant, l'un d'entre eux se centre sur le développement psychomoteur des enfants âgés de 0 à 30 mois. Il s'agit du test de **Brunet-Lézine**, du nom de ses conceptrices, Odette Brunet et Irène Lézine (2001).

Le Brunet-Lézine vise à étudier les étapes et les mécanismes du processus génétique, au sens piagétien, concernant la coordination progressive des schèmes ou des structures d'actions sensori-motrices (*cf.* Fiche 1). Quatre secteurs du développement sont étudiés au travers de 4 séries d'items : 1) le contrôle postural et la motricité ; 2) la coordination oculomotrice et les conduites d'adaptation vis-à-vis des objets ; 3) le langage ; 4) les relations sociales.

Les items proposés à l'enfant ont une forte valeur écologique (ils sont proches de la vie réelle de l'enfant). Ainsi à un enfant de 17 mois environ on pourra proposer des cubes afin d'observer leur éventuel empilement (coordination), apprécier la capacité de l'enfant à marcher à reculons (contrôle postural). En interrogeant les parents, on saura si l'enfant est en mesure de prononcer 5 mots (langage) et dans quelle mesure il joue aux jeux de « faire semblant » (relations sociales).

L'échelle permet de calculer deux types de **quotient de développement** (QD) : le QD global situe les acquisitions d'un enfant par rapport à un groupe d'enfants du même âge ; les QD partiels permettent d'établir un profil de ses possibilités à un moment donné. Ce profil permet de mieux comprendre le rythme du développement et affine l'appréciation clinique. On peut ainsi tout à la fois situer l'enfant par rapport aux enfants de même âge chronologique et repérer d'éventuels décalages entre les secteurs de développement chez un même enfant.

Pour aller plus loin

BEE H., BOYD D. (2003). *Psychologie du développement : les âges de la vie*. Saint Laurent (Québec) : Éditions du Renouveau pédagogique, 3e éd.

BRUNET O., LÉZINE I. (2001). *Échelle de développement psychomoteur de la première enfance*. Paris : EAP.

HUBIN-GAYTE M. (2001). *Idées reçues : les bébés*. Paris : Le Cavalier bleu.

RIVIÈRE J. (éd.) (2000). *Le Développement psychomoteur du jeune enfant : idées neuves et approches actuelles*. Marseille : Solal.

Fiche 7
Le développement psychomoteur de 2 à 10 ans

1 Les changements corporels

- **Poids.** L'enfant prend régulièrement du poids au cours de l'enfance, mais à un rythme moins soutenu que pendant les deux premières années de vie. Il pèse ainsi aux environs de 12,800 kg à 3 ans, et prendra 1 kilo pendant l'année qui suivra. À 10 ans, il pèse environ 28 kilos.
- **Taille.** À 4 ans, les petites filles et les petits garçons font presque la même taille (en moyenne respectivement 97 cm et 1 m). À 10 ans, avant la poussée pubertaire, les garçons sont un peu plus grands que les filles, respectivement 1,32 et 1,30 m.
- **Différences interindividuelles.** Comme pendant les deux premières années de vie, il y a une variabilité interindividuelle importante concernant la taille et le poids. Par ailleurs, ces données sont « normées » et ne tiennent pas compte du fort taux d'obésité qui sévit dans nos pays.

2 Le développement moteur

Comme dans le chapitre précédent, on distingue les habiletés locomotrices, les habiletés posturales et les habiletés manipulatoires. Les recherches s'intéressent principalement à la période de l'âge préscolaire. Quelques étapes clés sont à repérer (tableaux 7.1, 7.2 et 7.3).

Tableau 7.1
Développement des habiletés locomotrices au cours de l'enfance (adapté de Bee et Boyd, 2003)

Habiletés locomotrices	
2 à 3 ans	Court, grimpe sur le canapé et en descend sans aide
3 à 4 ans	Monte l'escalier en alternant correctement les pieds, saute à pieds joints, marche sur la pointe des pieds
4 à 5 ans	Descend l'escalier en alternant correctement les pieds
5 à 6 ans	Saute à cloche-pied

Tableau 7.2
Développement des habiletés posturales au cours de l'enfance (adapté de Bee et Boyd, 2003)

Habiletés posturales	
2 à 3 ans	Pousse et traîne de gros objets en contournant des obstacles
3 à 4 ans	Pédale et dirige un tricycle
4 à 5 ans	Donne un coup de pied dans un ballon

Tableau 7.3
Développement des habiletés de manipulation au cours de l'enfance (adapté de Bee et Boyd, 2003)

Habiletés de manipulation	
2 à 3 ans	Ramasse des objets de petite taille comme des perles, lance un objet ou une petite balle en se tenant debout
3 à 4 ans	Découpe avec des ciseaux, attrape une grosse balle qui est lancée face à lui
4 à 5 ans	Tient un crayon correctement pour écrire ou dessiner, enfile des perles
5 à 6 ans	Joue bien aux jeux de ballon, peut faire des points de couture

L'école maternelle offre l'occasion de développer ces habiletés locomotrices, posturales et de manipulation ; les enseignants y proposent des activités ludiques appropriées à l'âge des enfants.

À l'âge scolaire, les changements principaux ont trait à l'amélioration des compétences acquises précédemment. En particulier il y a une amélioration de la motricité fine et de la coordination visuo-motrice. Par exemple balle au pied, les enfants sont plus à même de conduire leur ballon en changeant de direction, et peuvent tirer au but plus précisément.

3 L'apprentissage de la propreté

L'apprentissage de la propreté est une étape importante du développement de l'enfant, en particulier parce que cet apprentissage affecte ses relations sociales (ex : l'entrée à l'école maternelle est dépendante de cet apprentissage). Cet apprentissage est fortement encouragé par les parents et les autres donneurs de soin qui félicitent l'enfant à la moindre ébauche de ce comportement, comme la demande du pot. Les félicitations des parents mettent particulièrement en avant la maturité dont fait alors preuve l'enfant « Tu es un grand garçon maintenant ! », preuve qu'il s'agit d'une étape importante du point de vue du développement social.

Dans les pays d'Europe de l'Ouest et d'Amérique du Nord, les enfants contrôlent majoritairement leur vessie et leurs intestins entre 24 mois et 48 mois. Les filles sont en général plus précoces que les garçons. La propreté diurne précède en général la propreté nocturne, de même le contrôle de la vessie précède le contrôle des intestins.

La question que se posent le plus souvent les parents est « quand » commencer. Plutôt que de se baser sur l'âge de l'enfant, mieux vaut se baser sur des signes montrant que celui-ci est prêt à cet apprentissage (période de continence qui s'allonge, bonnes habiletés de locomotion comme monter les escaliers).

La période moyenne entre l'initiation de l'apprentissage de la propreté et la propreté réelle oscille entre trois et six mois : il faut de la patience ! L'Académie américaine de pédiatrie note que chez les enfants américains, l'apprentissage de la propreté est retardé (à l'âge de 30 mois, 22 % des enfants étaient propres en 1997, contre 90 % en 1961). L'utilisation de couches-culottes de plus en plus perfectionnées tendrait à retarder cette acquisition. L'étude de Simon et Thompson (2006) montre qu'avec un environnement approprié (renforcement social des conduites s'approchant du comportement souhaité et aide des adultes pour que l'enfant reconnaisse les bons indices d'une miction prochaine), certains enfants prêts apprennent à être propres en quelques jours si leur couche-culotte leur est retirée au cours de la journée.

Pour aller plus loin

BEE H., BOYD D. (2003). *Psychologie du développement : les âges de la vie*. Saint Laurent (Québec) : Éditions du Renouveau pédagogique, 3e éd.

BRUNET O., LÉZINE I. (1997). *Brunet-Lézine révisé : échelle de développement psychomoteur de la première enfance.* Paris : PUF.

RIVIÈRE J. (éd.) (2000). *Le Développement psychomoteur du jeune enfant : idées neuves et approches actuelles.* Marseille : Solal.

SIMON J.-L., THOMPSON R.H. (2006). « The effects of undergarment type on the urinary continence of toddlers », *Journal of Applied Behavior Analysis, 39* (3), 363-368.

SOCIÉTÉ CANADIENNE DE PÉDIATRIE (2000). « L'apprentissage de la propreté : des conseils axés sur l'enfant », *Paediatrics and Child Health*, 5 (6), 342-344.

Fiche 8
Le processus pubertaire

1 La puberté

Le terme « puberté » fait référence au processus sous-jacent aux changements physiques par lesquels un enfant devient un adulte capable de se reproduire.

1.1 Le rôle des hormones

Le processus pubertaire est déclenché par la sécrétion de l'hormone de libération (RH) par l'hypothalamus qui est envoyée au lobe antérieur de l'hypophyse. L'hypophyse commence alors à sécréter, en plus grande quantité, les hormones gonadotrophines (FSH, LH), lesquelles stimulent le développement des glandes situées dans les testicules et les ovaires. Ces glandes synthétisent alors davantage de testostérone chez les garçons et d'œstradiol (une forme d'œstrogènes) chez les filles. Ces hormones sexuelles, à leur tour, causent la maturation des organes reproducteurs et le développement des caractères sexuels secondaires de concert avec les androgènes (hormones produites par les cortico-surrénales sous l'action de l'hormone adénohypophysaire ACTH). Au même moment, l'hypophyse antérieure secrète aussi d'autres hormones qui agissent sur le développement et la croissance : la somatotrophine, aussi appelée hormone de croissance (GH) et la thyréostimuline (STH).

1.2 Quels changements ?

Les changements chez les filles et les garçons sont appréciés au travers de l'**échelle de Tanner**. La croissance s'accélère dans la première partie de la puberté et l'adolescent(e) atteint sa taille définitive à la fin de celle-ci.

Si le processus pubertaire est relativement complexe, on repère des changements particulièrement visibles. Ceux-ci concernent les caractéristiques sexuelles primaires : premières règles chez les filles accompagnées de la croissance des ovaires, du vagin et de l'utérus, et premières éjaculations chez les garçons accompagnées de la croissance des testicules, du scrotum et du pénis. Chez les filles des pays industrialisés, les premières règles surviennent en moyenne entre 12,6 et 13,6 ans et le pic de la poussée de croissance est atteint vers 12 ans.

Les caractéristiques sexuelles secondaires sont également affectées :

- Chez les filles : augmentation du volume des seins et de la masse adipeuse, changement et élargissement des hanches.
- Chez les garçons : augmentation de la masse musculaire et de la pilosité faciale, élargissement des épaules.
- Chez les garçons et les filles : développement de la pilosité axillaire et pubienne, mue de la voix (plus marquée chez les garçons), poussée de croissance, changements morphologiques du corps et du visage (plus marqués chez les garçons), augmentation du volume des poumons et baisse de la fréquence cardiaque.

Le processus pubertaire chez les garçons est plus tardif de 24 à 36 mois. À la fin du processus pubertaire, les différences corporelles entre les filles et les garçons sont beaucoup plus marquées que pendant l'enfance.

2 Les effets psychologiques du développement pubertaire

2.1 Modèle interne

Les individus de même âge peuvent se situer à des niveaux différents de maturation sexuelle lors de la puberté. De plus les effets de la puberté seront différents en fonction du **modèle interne** de chacun de ce que doit être l'âge « normal » ou « souhaitable » de la puberté. Chaque fille a une idée de l'âge auquel elle souhaiterait le développement de ses seins et l'apparition de ses règles. Chaque garçon a de même un modèle interne de l'âge idéal pour lui de l'apparition de la barbe et la mue de sa voix.

Selon ce modèle, la meilleure situation pour les filles est d'être dans la moyenne, tandis que pour les garçons, la meilleure situation est d'être « précoce » (figure 8.1).

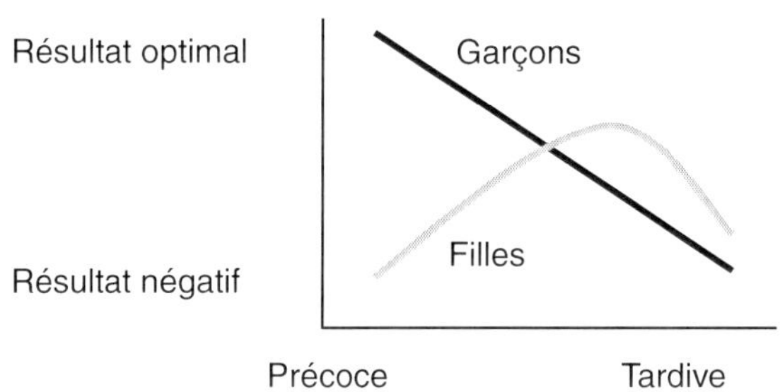

Figure 8.1

Perception par l'adolescent(e) des effets de la puberté en fonction du moment de son apparition (d'après Bee et Boyd, 2003)

Plus précisément selon l'hypothèse du modèle interne, c'est l'écart entre les objectifs fixés et ce qui est accompli qui détermine l'estime de soi. Les adolescents dont la puberté débute à un moment qui ne répond pas à leurs attentes auront tendance à être moins satisfaits de leur corps et du processus de la puberté, auront moins d'amis ou présenteront certains troubles.

2.2 Puberté précoce et puberté tardive

L'âge de l'apparition de la **ménarche** (premières règles) a diminué dans les pays industrialisés au cours du dernier siècle et semble désormais stable. On parle de la **tendance séculaire** (âge moyen de la ménarche en 1840 : 17 ans ; âge moyen actuel entre 12,6 et 13,6 ans). La principale raison invoquée pour expliquer cette tendance séculaire concerne l'amélioration de la nutrition et de la médecine (Tanner, 1990).

Pour certains jeunes, la puberté est plus précoce encore. Du point de vue de la médecine, le développement précoce se définit chez l'enfant par l'apparition des caractères sexuels secondaires avant l'âge de huit ans chez la fille et de dix ans chez le garçon. Il faut distinguer la puberté précoce vraie (activation hormonale), de la pseudo-puberté précoce due à une tumeur des glandes surrénales ou des gonades. Au sens large, on parle néanmoins de puberté précoce lorsque les règles surviennent avant 10 ans.

Les plus désavantagés sont ainsi les garçons « tardifs » et les filles « précoces ». Les filles qui se perçoivent comme précoces vivent davantage d'expériences négatives. Ces jeunes filles sont très différentes physiquement de l'ensemble des pairs de leur classe ; elles se trouvent trop grosses, sont plus susceptibles de s'attirer des ennuis ou de fréquenter des groupes de pairs déviants. Les chercheurs s'interrogent encore sur les conséquences à long terme de ces expériences négatives.

Les plus avantagés sont les garçons précoces, ceux-ci présentant une morphologie correspondant au stéréotype de virilité. Ils sont suivis par les garçons et les filles qui ont un développement normal.

Les conséquences positives et/ou négatives d'une puberté tardive chez les filles sont plus difficilement appréciables. Elles sont souvent considérées comme sociables, à l'initiative dans leur groupe de pairs. Néanmoins des conflits peuvent naître avec les parents qui peuvent avoir du mal à les reconnaître comme des adultes en devenir et les perçoivent toujours comme des « petites filles » en ce qui concerne leur positionnement social.

En fonction de l'âge auquel apparaît la puberté, et du modèle interne de l'adolescent(e), les effets de la puberté peuvent être plus ou moins appréciés par ces adolescents. La façon dont les adolescents perçoivent les modifications de leur corps et y réagissent est plus importante que les changements physiques eux-mêmes.

3 Sexualité des adolescents

3.1 La précocité des rapports sexuels

Le premier rapport sexuel est un passage symbolique à la sexualité d'adulte. Désormais une déconnexion forte existe entre le premier rapport sexuel et le mariage ou la vie commune. Ceci témoigne d'une activité sexuelle préconjugale plus importante ainsi que d'un nombre moyen de partenaires plus important que dans les décennies précédentes.

L'âge médian des premières relations sexuelles pour les Français nés aux alentours de 1970, âgés de 20 à 24 ans lors de l'enquête, est de 17,6 ans chez les femmes et 17,4 ans chez les hommes (l'âge médian est l'âge auquel la moitié des personnes ont déjà eu un rapport sexuel, l'autre moitié ne l'ayant pas encore eu). Les jeunes en apprentissage ou en lycée d'enseignement professionnel commencent en règle générale leur vie sexuelle « active » plus tôt que ceux de l'enseignement général.

Enquête après enquête, le mythe selon lequel les adolescents auraient des relations sexuelles de plus en plus précoces a fait long feu. Après une chute importante au cours du siècle dernier, en particulier pour les filles, cet âge s'est stabilisé. L'âge médian cache néanmoins de fortes variabilités avec des adolescents, certes relativement peu nombreux, ayant déjà eu des rapports sexuels dès l'âge de 12 ou 13 ans.

3.2 L'orientation sexuelle

La séquence majoritairement suivie par les adolescents consiste à fréquenter un groupe unisexué, puis un groupe hétérosexué et enfin à constituer un couple hétérosexuel. Néanmoins les jeunes homosexuels, lesbiennes et bisexuels suivent une trajectoire différente. Ils représenteraient 3 à 6 % des adolescents. Encore davantage d'hommes et de femmes seraient bisexuels. Les jeunes adultes et adolescents homosexuel(les) traversent pour beaucoup une séquence en trois étapes. La première étape concerne le sentiment perçu dès l'enfance que « j'étais différent(e) ». Vers l'âge de 10 ans, ils tentent de faire sens à leurs sensations et se sentent profondément en détresse, redoutant de « ne pas être normal(e) ». Avec l'entrée dans la puberté, seconde étape, les jeunes se sentent désormais clairement différents du point de vue de la sexualité (11/12 ans pour les garçons, 14/15 ans pour les filles). Beaucoup se sentent seuls, isolés, et certains tentent de lutter contre leur orientation sexuelle en rencontrant des jeunes du sexe opposé ou en pratiquant des activités fortement stéréotypées de leur genre. L'absence de modèle positif ou les caricatures négatives sont un élément contribuant à leur détresse et à une faible estime de soi. Enfin, la dernière étape consiste en l'acceptation de l'orientation sexuelle, le plus souvent avant la fin de l'adolescence. Une fois cette étape franchie, les adolescents ou les jeunes adultes peuvent envisager d'évoquer leur orientation sexuelle à leurs proches (le plus souvent à leurs amis puis à leurs parents) et peuvent alors s'engager dans une relation amoureuse envers une personne de même sexe.

Les jeunes adolescents bisexuel(le)s ou homosexuel(le)s rencontrent fréquemment de l'hostilité de la part de leurs pairs. Ainsi, 75 % d'entre eux rapportent avoir été agressés verbalement et 15 % agressés physiquement (D'Augelli, 2002 ; étude réalisée auprès d'Américains, Canadiens et Néo-Zélandais). Ces agressions contribuent à fragiliser ces jeunes du point de vue de leur santé mentale et à augmenter le risque suicidaire (Clément, 2002).

Pour aller plus loin

BEE H., BOYD D. (2003). *Psychologie du développement : les âges de la vie*. Saint Laurent (Québec) : Éditions du Renouveau pédagogique, 3e éd.

BERK L.E. (2005). *Infants, Children and Adolescents*. Boston : Allyn & Bacon, 5e éd.

BOZON M. (2000). « À quel âge a-t-on ses premiers rapports sexuels en France ? », *Fiche d'actualité scientifique INED*, 5.

CLÉMENT C. (2002). « Les adolescents homosexuels et le suicide », *Combat face au Sida*, *26*, 42-43.

3

Le développement cognitif

Fiche 9
La théorie piagétienne : une logique de stades

Piaget (1896-1980) est à l'origine de la psychologie génétique (*cf.* Fiche 1). Il ne se définit pas comme un psychologue de l'enfant : ce n'est pas l'enfant lui-même qui l'intéresse, mais l'enfant en tant que moyen d'accès au fonctionnement mental des adultes.

I Une théorie génétique, stadiste et structuraliste

Piaget s'intéresse à décrire et expliquer la manière dont les connaissances se sont construites au cours du développement de l'enfant (ontogenèse). C'est en ce sens que l'on parle d'une théorie génétique. Il va décrire une succession de stades dans le développement de l'intelligence. Chaque stade correspond à une façon de penser ou de s'adapter mentalement. Ils se présentent pour tous les individus dans le même ordre. Les âges sont donnés à titre indicatif, comme un point de repère, mais ils peuvent varier d'un individu à l'autre. Chaque stade se caractérise non pas par une simple juxtaposition d'acquisitions indépendantes mais par une structure d'ensemble. En ce sens, la théorie piagétienne est une théorie structuraliste. Piaget s'intéresse au fonctionnement de l'intelligence (*i.e.* aux structures) que le sujet met en œuvre pour constituer le savoir. En ce sens, cette conception s'oppose à la conception additive de l'intelligence qui consiste pour sa part à décrire les niveaux de performances successifs de l'enfant (exprimés sous la forme de quotient intellectuel et/ou de quotient du développement ; *cf.* Fiche 3).

Piaget postule une continuité du biologique au psychologique : l'intelligence est la forme la plus élaborée de l'adaptation de l'être humain à son environnement. Les mêmes mécanismes – qualifiés d'invariants fonctionnels – sont à l'œuvre dans l'adaptation d'un organisme ou de l'intelligence : l'assimilation et l'accommodation.

- L'assimilation (par comparaison avec l'assimilation d'une substance par un organisme biologique) consiste à intégrer un objet ou une nouvelle situation à l'ensemble des objets ou des situations auxquels une conduite existante est déjà appliquée.

> **Exemple** : La succion du sein puis la succion du pouce puis d'un objet : la même conduite est appliquée à des objets différents.

- L'accommodation (terme emprunté à la physiologie visuelle) est le versant complémentaire de l'assimilation. Elle correspond au mécanisme qui consiste à modifier les anciens comportements afin de les adapter à la nouvelle situation ou au nouvel objet. Ce processus permet de généraliser, *i.e.* étendre le comportement à des situations nouvelles.

> **Exemple** : On ne saisit pas un cube comme une aiguille, une poire trop mûre comme un caillou. L'enfant devra attraper l'objet d'une manière différente.

Normalement, il faut s'adapter et en même temps conserver une cohérence interne, *i.e.* concilier les conduites anciennes et nouvelles. Ainsi, un enfant placé dans une situation nouvelle va la traiter comme une ancienne (assimilation) dans laquelle il utilisait certaines conduites mais il va appliquer des modifications pour s'adapter totalement à cette nouvelle situation. Il doit exister un équilibre entre ces deux processus cognitifs. Piaget préfère parler d'équilibration plutôt que d'équilibre dans la mesure où l'équilibre n'est jamais atteint mais toujours susceptible d'être amélioré.

2 La méthode clinique piagétienne

La méthode clinique piagétienne consiste en une adaptation de la méthode clinique (*cf.* Fiche 3) à l'étude du développement cognitif. Il s'agit de réaliser une expérience avec un enfant pour l'amener à penser, montrer ou expliquer son raisonnement. On emploiera des contre-suggestions où est évoqué un avis inverse de celui énoncé par l'enfant de façon à évaluer son mode de raisonnement. La standardisation y est réduite au minimum. En effet, l'examinateur tend à poser toujours les mêmes questions mais il adapte son questionnement à l'enfant qu'il a en face de lui. Il s'agit de cerner au plus près la pensée de l'enfant en s'adaptant à ses réponses et/ou attitudes.

Illustration de la méthode clinique piagétienne

On présente à l'enfant une boulette de pâte à modeler en lui demandant d'en confectionner une autre de même grandeur et de même poids. On laisse sur la table l'une des boulettes à titre de témoin et l'on transforme l'autre (en saucisse, en galette, en morceaux, etc.). On demande alors s'il y a encore la même quantité de matière (« *la même chose de pâte* ») et pourquoi. L'enfant doit toujours expliquer son raisonnement. Des contre-suggestions sont introduites : elles consistent à dire qu'un autre enfant du même âge prétend que « *c'est la même chose de pâte* » (ou le contraire) et à demander qui a raison. On établit ainsi le niveau de l'enfant à cette épreuve de quantité : pas de conservation, conservation non généralisée ni certaine ou conservation nécessaire.

3 Les stades du développement cognitif

3.1 Le stade de l'intelligence sensori-motrice (0 à 2 ans)

L'objectif de Piaget est de dégager « une embryologie de la raison ». Dès la naissance, le bébé est au centre d'une multitude de relations mais cependant, il ne se distingue pas au début du monde qui l'entoure. Cet état initial d'indifférenciation par rapport à l'environnement constitue ce que Piaget a appelé l'égocentrisme.

La période de 0 à 2 ans se caractérise principalement par la mise en place et le développement sensoriel et moteur. L'intelligence sensori-motrice est une intelligence d'action : l'enfant ne pense pas en dehors de ce qu'il perçoit, de ce qu'il agit dans l'instant. C'est une intelligence sans pensée, ni représentation, *i.e.* fugace et non encore différée. C'est l'action qui est primordiale.

3.2 Le stade de l'intelligence préopératoire (2 à 7-8 ans)

Cette période est marquée par deux caractéristiques importantes.

- **L'émergence de la fonction sémiotique ou symbolique**

Elle permet les évocations mentales d'objets ou événements absents au moyen de signes ou de symboles. L'action demeure l'instrument principal du développement des connaissances mais l'enfant peut dorénavant se représenter une action dans sa tête. Le stade préopératoire se caractérise ainsi par le passage de l'action effective à l'action intériorisée (*i.e.* effectuée en pensée). L'intériorisation des actions est rendue possible grâce à l'émergence de la fonction sémiotique ou symbolique. En effet, l'enfant devient capable de se représenter mentalement, *i.e.* d'évoquer un objet ou une situation (un signifié) en son absence à l'aide de différents signifiants (ce qui sert à représenter) sous forme de symboles (ressemblance avec le signifié) ou sous forme de signes (arbitraires et conventionnels). L'imitation différée, les jeux symboliques, les dessins ou enfin le langage constituent les instruments de la fonction symbolique.

> **Un exemple de jeu symbolique** : *le jeu du faire semblant*
>
> Le premier jeu symbolique est celui du faire semblant. Le jeu du faire semblant constitue un moyen d'expression propre à l'enfant d'exercer un système de signifiants construits par lui et ployables à volonté. Les symboles utilisés n'ont pas à se conformer au modèle et l'enfant les utilise et les transforme à sa guise, selon ses désirs.

- **La prépondérance de l'égocentrisme de sa pensée**

Pendant cette période, l'enfant reste néanmoins dépendant des apparences, de ses perceptions. Sa pensée est prisonnière de l'aspect des données : l'enfant juge en fonction des données perceptives (par exemple, il croit qu'un objet qui a changé de forme a aussi changé de quantité ou de poids). Il raisonne de façon unidimensionnelle, ce qui sera à l'origine d'erreurs typiques de raisonnement.

> **Exemple** : suite au transvasement d'un liquide dans un verre de forme différente (plus haut mais plus étroit), l'enfant de 4-5 ans conclura que la quantité d'eau a changé (il y a plus d'eau parce que c'est plus haut). Les raisons de son erreur sont d'ordre perceptif : l'élévation du niveau d'eau va le tromper. L'enfant centre son attention sur le rapport entre les 2 hauteurs mais néglige les largeurs.

L'enfant est incapable d'envisager et de coordonner tous les aspects des situations et incapable d'adopter un autre point de vue que le sien propre. Ce n'est donc qu'après 7 ans que l'enfant deviendra capable de coopération lorsqu'il sera en mesure de coordonner différents points de vue ou d'actions émanant respectivement de différents individus.

3.3 Le stade des opérations concrètes (de 7-8 ans à 11-12 ans)

À partir de 7 ans, on ne parle plus d'actions (*i.e.* comportement observable) mais d'opérations (type d'action particulière). Il y a changement de structures : la pensée devient opératoire. L'enfant est capable d'effectuer des actions virtuelles, non effectives, et cela mentalement. Les premières opérations sont toujours liées à l'action et portent directement sur des objets concrets présents ou immédiatement représentés.

La pensée de l'enfant ne peut se détacher complètement des objets perceptibles, elle ne permet pas de construire un discours dans l'absolu (*i.e.* qui s'appuie sur des hypothèses énoncées verbalement). Les opérations s'appliquent à des domaines divers :

- Les **opérations de conservation** permettent la construction d'un invariant malgré les transformations. Ainsi, un objet gardera ses caractères propres quelle que soit sa position ou sa répartition.

> Exemple : le transvasement d'un liquide dans un nouveau récipient ne change rien à sa quantité uniquement si l'enfant est capable d'envisager par la pensée l'annulation de la transformation par son inverse (réversibilité), *i.e.* en reversant le liquide dans le récipient de départ.

- Les **opérations logico-mathématiques** portent sur des objets discontinus (*e.g.* sériation, classification, inclusion de classes).

> Exemple : l'enfant peut comprendre que si l'on supprime les poires d'un panier de fruits composé de poires et de pommes, il reste des fruits : les pommes. Il peut classer selon un critère commun, ordonner selon un critère de différence, etc.

- Les o**pérations infralogiques** portent sur la construction des propriétés des objets du milieu extérieur et sur leurs relations : espace, temps, vitesse, causalité et hasard.

3.4 Le stade des opérations formelles (à partir de 11-12 ans)

Ce stade marque la 3e étape de la connaissance, s'accomplit au terme de l'enfance et prépare l'adolescence. La spécificité des opérations concrètes est de porter directement sur les objets avec un raisonnement indissociable de son contenu. Les opérations formelles vont libérer le raisonnement de son contenu. L'enfant devient capable de raisonner non plus sur un matériel concret mais sur de simples hypothèses.

La pensée formelle est une pensée hypothético-déductive. L'enfant devient capable de :

- raisonner de façon abstraite, *i.e.* raisonner sur des propositions détachées des constatations concrètes ;
- formuler des hypothèses, *i.e.* propositions dont il ne sait pas encore si elles sont vraies ou fausses mais susceptibles d'être affirmées ou infirmées et dont il pourra analyser les conséquences ;
- combiner des hypothèses en utilisant des opérations propositionnelles comme par exemple l'implication (*si…, alors*), l'incompatibilité (*ou… ou, ni l'un ni l'autre…*) ;
- contrôler ses hypothèses en faisant varier un à un et systématiquement les facteurs en jeu (méthode expérimentale) et tirer de ce contrôle de nouvelles hypothèses possibles.

À partir de ce moment, l'enfant peut envisager l'ensemble des cas possibles et considérer le réel comme un cas particulier. Il y a donc un renversement des rapports existants entre le réel et le possible. Lors du stade des opérations concrètes, le possible est le prolongement du réel ; en revanche, lors du stade des opérations formelles, le réel est considéré comme une réalisation parmi d'autres possibles.

Pour aller plus loin

BIDEAUD J., HOUDÉ O., PÉDINIELLI J.-L. (1995). *L'Homme en développement.* Paris : PUF.

DOLLE J.-M. (1974). *Pour comprendre Jean Piaget.* Privat, Dunod, 3e éd., 1999.

TROADEC B. (1998). *Psychologie du développement cognitif.* Paris : Armand Colin.

Fiche 10
Le développement de la mémoire

Dans le langage courant, on a parfois tendance à considérer la mémoire comme une habileté de deuxième ordre associée à un apprentissage « par cœur », *i.e.* sans compréhension réelle. Évidemment, la mémoire doit être conçue comme autre chose que la simple capacité de mémoriser des récitations ou des numéros de téléphone ! La mémoire doit être définie comme la capacité à encoder, conserver et à retrouver à un moment donné la trace d'une information.

La mémoire constitue une composante centrale dans le fonctionnement cognitif. L'étude de son développement constitue un important sujet de recherches nécessitant des méthodes différentes en fonction de l'âge de l'enfant.

1 La mémoire du nourrisson

1.1 Le paradoxe de l'amnésie infantile

La notion d'amnésie infantile renvoie au fait que les adultes sont incapables d'évoquer les souvenirs de leur petite enfance, incapables de se rappeler les événements survenus avant l'âge de 2 ou 3 ans.

Le phénomène de l'amnésie infantile peut laisser supposer que les nourrissons ne disposent pas de capacité de mémorisation. Or, tous

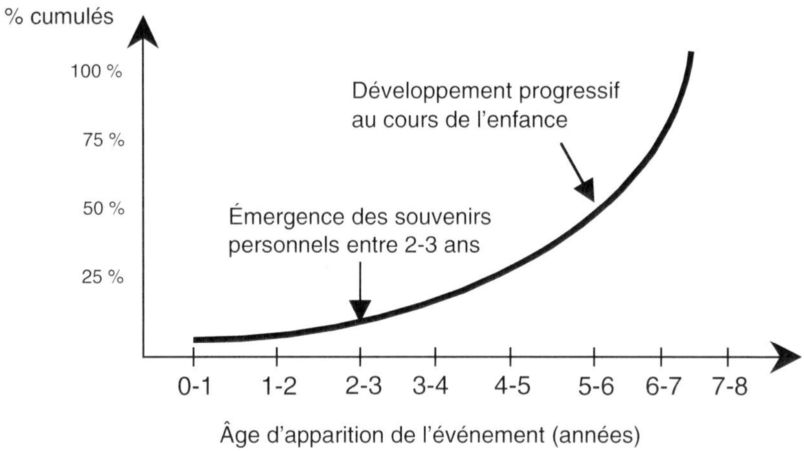

Figure 10.1

Développement des souvenirs personnels au cours de l'enfance
(Source : Bruce *et al.*, 2000)

les psychologues s'accordent pour reconnaître l'enfance comme une période fondamentale dans le développement de l'enfant. En effet, c'est pendant l'enfance que l'enfant acquiert en très peu de temps une très grande quantité de connaissances. Il doit donc posséder un système mnésique puissant. Cependant, il ne reste pratiquement aucun souvenir évocable de cette période chez l'adulte (*cf.* le phénomène de l'amnésie infantile). Il existe bien là un paradoxe ! Si les expériences précoces sont immédiatement oubliées, alors il n'existe plus de fondements sur lesquels les expériences ultérieures pourraient se construire. Ainsi, un enfant ne pourrait tirer bénéfice des expériences passées et tout serait à chaque fois un perpétuel recommencement jusqu'au moment où la mémoire deviendrait fonctionnelle.

Les développementalistes se sont intéressés à l'étude de la mémoire chez le jeune enfant et ont eu recours pour cela à de nouvelles techniques de recherche telles que le paradigme d'habituation.

1.2 Étude des capacités de reconnaissance

■ *À l'aide du paradigme d'habituation*

Le paradigme d'habituation est basé sur la découverte que le bébé préfère les formes nouvelles à celles qui lui sont familières. Le postulat sous-jacent est le suivant. Si les nourrissons peuvent distinguer des nouvelles formes présentées lors d'une phase (appelée phase test), d'anciennes formes présentées lors d'une première phase (dite phase de familiarisation), alors cela signifie qu'il est capable de se souvenir de ces dernières. Lors de la phase de familiarisation, il a encodé, mis en mémoire les propriétés des premiers stimuli. Lors de la deuxième phase, il les compare avec les nouveaux stimuli présentés. Ainsi, une augmentation du temps de fixation visuelle (TFV) lors de la présentation d'un nouveau stimulus et après un certain délai (appelé délai de rétention) atteste du fait que le nourrisson possède une mémoire de reconnaissance visuelle : il reconnaît que le stimulus est différent du stimulus encodé lors de la phase de familiarisation. En revanche, l'absence d'augmentation du TFV indique que le nourrisson a reconnu le stimulus comme étant le même stimulus que celui présenté lors de la phase de familiarisation. Enfin, une augmentation du TFV lors de la présentation du même stimulus de familiarisation indique que l'enfant a oublié les caractéristiques de ce stimulus.

Différentes études montrent que les nourrissons, dès les premiers jours de vie, manifestent une mémoire de reconnaissance visuelle.

À titre d'illustration, il peut être cité l'étude de Bushnell *et al.* (1984) : les nourrissons dès 3 semaines sont capables de reconnaître, après un délai de rétention de 24 h que des formes géométriques sont différentes (au niveau de la couleur et de la forme) à celles présentées précédemment lors de la phase de familiarisation.

■ *À l'aide de l'apprentissage opérant*

Rovee-Collier (1984) a étudié la mémorisation des nourrissons à l'aide d'un autre paradigme : le paradigme de l'apprentissage opérant. Le principe de l'apprentissage opérant est le suivant : il consiste à apprendre à l'enfant à fournir un comportement donné à l'apparition d'un signal donné. Dans l'étude princeps de Rovee-Collier, il s'agissait d'établir une association entre les mouvements du pied et les mouvements d'un mobile accroché au-dessus du berceau et d'évaluer la rétention de cette association après un délai variable. L'originalité de Rovee-Collier a été de trouver un moyen d'étudier la mémoire en s'appuyant sur le désir du nourrisson et sa motivation. Le postulat est qu'il est plus aisé d'étudier la mémoire chez le nourrisson lorsqu'il trouve une motivation forte à l'événement qui survient.

Les mouvements de pied font bouger le mobile suspendu au-dessus du berceau et auquel il est relié. Toute modification de l'amplitude des mouvements de pied va avoir une incidence sur la fréquence et la qualité des mouvements du mobile. L'augmentation du nombre des mouvements de pied dans les minutes suivantes atteste que le nourrisson établit rapidement l'association entre les mouvements de son pied et les mouvements du mobile. Le nourrisson va-t-il se souvenir de cette association ?

La procédure comporte plusieurs phases. Après avoir déterminé le niveau de base lorsque le mobile n'est pas encore relié à la cheville, une phase d'entraînement permet d'établir l'association entre les mouvements de pied et les mouvements du mobile. Après un délai de rétention variable (24 h, 7 jours, voire même 14 jours plus tard), le mobile est présenté une nouvelle fois mais détaché de la cheville. Si les mouvements de pied correspondent au niveau de base déterminé lors de la première phase, alors il pourra être conclu que le nourrisson a oublié l'association. S'ils sont en revanche supérieurs et proches de ce qui a été observé lors de la phase d'entraînement, alors il pourra être conclu que le nourrisson se souvient de l'association. Les résultats montrent que les nourrissons peuvent se souvenir de l'association : à 2 mois pendant 24 h, à 3 mois pendant 7 jours et à 6 mois pendant 15 jours. Dès 2 mois, les nourrissons sont donc capables de reconnaître un signal spécifique et de se souvenir de la relation entre ce signal et la récompense qu'il annonce.

1.3 De la reconnaissance à l'imitation

La mémoire de reconnaissance est considérée comme la moins complexe : il s'agit de décider si le stimulus est ou non familier. Le rappel exige en revanche de retrouver le stimulus en mémoire, *i.e.* de récupérer de manière active la trace en mémoire. Les psychologues du développement ont étudié la capacité de rappel des nourrissons à l'aide du paradigme de l'imitation.

Le nourrisson a très tôt la capacité d'imiter des actions simples (*e.g.* imitation de comportements comme tirer la langue, ouvrir-fermer la bouche, etc.). Pour imiter une action, il doit forcément se rappeler qu'il l'a précédemment vue. Les résultats de Meltzoff (1995) par exemple mettent en évidence l'existence d'une mémoire de rappel. Cet auteur montre que des nourrissons de 9 et 14 mois à qui il a été présenté des actions naturelles et arbitraires reproduisent ces actions 24 heures plus tard, voire 4 mois plus tard pour les nourrissons les plus âgés. L'imitation est spécifique à l'action précédemment montrée. De plus, ces actions ne sont pas observées chez des nourrissons qui n'ont pas vu l'adulte réaliser ces actions préalablement.

En bref, le nourrisson dispose d'une capacité de mémorisation dès les premiers jours de vie : il se souvient très précisément de ce qu'il a appris, où il l'a appris et ceci pendant quelques jours, voire quelques semaines.

2 Le développement de la mémoire pendant l'enfance

La capacité de mémorisation augmente tout au long de l'enfance. Comment expliquer cette augmentation ?

> **Exemple** : l'empan mnésique correspond au nombre d'items que l'enfant peut rappeler immédiatement après une seule présentation. Il augmente durant l'enfance en passant de 2 chiffres à 2-3 ans, à 5 à 7 ans pour s'élever à 7 chiffres vers 15-16 ans.

Avant d'évoquer les hypothèses proposées, il convient de rappeler que dans toute activité complexe, deux types d'opérations sont effectués : un stockage de l'information et un traitement de l'information. Plus une activité est pratiquée, moins elle est coûteuse cognitivement. Selon Case (1985), la capacité cognitive totale serait constante et fixe. En conséquence, si le coût du traitement de l'information diminue, alors la capacité de stockage augmenterait en retour.

Les théoriciens du traitement de l'information ont proposé quatre hypothèses pour rendre compte du développement de la mémoire au cours de l'enfance.

■ *Changements dans les capacités basiques*

La mémoire des enfants plus âgés leur permettrait de traiter plus l'information et plus rapidement. Autrement dit, leur meilleure capacité de mémorisation serait due à un meilleur système de traitement de l'information avec une plus grande capacité et/ou une plus grande efficience. Toutefois, cette hypothèse ne peut expliquer pourquoi les jeunes enfants ont un meilleur rappel d'items qui leur sont familiers comparativement à des adultes à qui il serait demandé de rappeler le même type d'items (*e.g.* nom des personnages des dessins animés pour enfants).

■ *Développement des connaissances sur le monde*

Les enfants les plus âgés ont des connaissances sur le monde en général plus importantes que les enfants plus jeunes. Cette connaissance – ou expertise – rend le matériel à apprendre plus familier. Or, le matériel familier est plus facile à apprendre et à rappeler que le matériel non familier. Il a été notamment mis en évidence que des enfants experts dans un domaine (par exemple en jeux d'échec, en football, etc.) obtiennent de meilleures performances à une épreuve de rappel lorsque le rappel porte directement sur leur domaine d'expertise et obtiennent même des performances supérieures à celles d'enfants plus âgés et/ou des adultes non experts dans ce domaine.

■ *Développement et utilisation des stratégies mnésiques*

Les enfants les plus âgés peuvent apprendre et utiliser des méthodes efficaces pour maintenir l'information en mémoire et la retrouver quand ils en ont besoin. Par exemple, ils peuvent non plus se contenter de lire simplement leur leçon mais se la répéter mentalement jusqu'à sa mémorisation, voire sa restitution. Une des acquisitions cruciales dans le développement de la mémoire chez l'enfant de 6 à 12 ans va être la mise en place et l'utilisation de stratégies mnésiques.

Les stratégies mnésiques peuvent être définies comme des processus cognitifs contrôlés qui augmentent la mémoire en augmentant le stockage et la récupération de l'information. Noter un numéro de téléphone pour ne pas l'oublier constitue une stratégie mnésique faisant appel à une activité extérieure. Il existe cependant d'autres types de stratégies mnésiques : la répétition mentale des informations à mémoriser, l'organisation ou encore l'élaboration des informations (sous forme par exemple d'une image mentale). Les stratégies mnésiques n'interviennent pas automatiquement mais sont sous dépendance du contrôle conscient de l'apprenant. Avec l'âge, elles deviennent automatisées et donc de moins en moins coûteuses cognitivement. Si moins d'effort et moins de temps sont nécessaires pour encoder et traiter des stimuli, alors plus d'items peuvent être stockés.

■ *Développement de la métamémoire*

Les enfants les plus âgés possèdent plus de connaissances sur leurs propres processus mnésiques, sur le fonctionnement de la mémoire. Ainsi, par exemple, si un enfant répète mentalement sa leçon pour l'apprendre, il exécute une stratégie mnésique mais s'il cesse de se répéter sa leçon parce qu'il estime l'avoir bien apprise, il exécute une stratégie métacognitive.

Pour aller plus loin

BRUCE D., DOLAN A., PHILIPS-GRANT K. (2000). « On the transition from childhood amnesia to the recall of personal memories », *Psychological Science, 11*, 360-364.

CASE R. (1985). *Intellectual development : A systematic reinterpretation*. New York : Academic Press.

MELTZOFF A.N. (1995). « What infant memory tells us about infantile amnesia : Long-term recall and deferred imitation », *Journal of Experimental Child Psychology*, *59*, 497-515.

RONDAL J.-A., ESPÉRET É. (1999). *Manuel de psychologie de l'enfant*. Bruxelles : Mardaga.

ROVEE-COLLIER C. (1993). « La mémoire du nourrisson », in V. Pouthas et F. Jouen (éds.), *Les comportements du bébé : expression de son savoir*, Liège, Mardaga, 127-143.

VAUCLAIR J. (2004). *Développement du jeune enfant*. Paris : Belin.

Fiche 11
Le développement du langage oral

1 Le système langagier

Le langage est la capacité spécifique de l'espèce humaine de communiquer selon des modalités orales (langage oral) ou écrites (langage écrit), voire gestuelles (langue des signes).

Il remplit une double fonction :

- une fonction de représentation : il permet de décrire la réalité ;
- une fonction de communication : il participe en ce sens aux relations sociales. Le langage est alors un système défini par un ensemble de règles, de conventions et de connaissances partagées qui sous-tendent les communications verbales.

2 Les capacités précoces du nourrisson

À la naissance, le nourrisson est sensible à l'ensemble des contrastes phonétiques. Ce qui explique qu'il peut apprendre n'importe quelle langue. En revanche, à partir de 12 mois, il n'est sensible qu'aux seuls contrastes phonétiques utilisés dans son environnement. Il perdrait ainsi progressivement la capacité à détecter les distinctions qui n'existent pas dans sa langue maternelle et conserverait et affinerait les capacités perceptives correspondant aux distinctions phonétiques de sa langue maternelle. Cette dégradation est nécessaire ; la réduction de l'éventail des sons permet de traiter avec plus de facilité les sons qui méritent son attention.

3 Les différentes phases

Le développement du langage oral présente un aspect graduel qui comporte deux périodes articulées :

- période appelée présémiotique, préverbale ou prélinguistique ;
- période appelée période sémiotique, verbale ou linguistique.

3.1 La phase prélinguistique

Cette phase correspond à la période avant les premiers mots et est caractérisée au cours des 10 premiers mois de vie par le développement des vocalisations selon une séquence prédictible.

■ *Les vocalisations réflexes (0-2 mois)*

Le nourrisson est dès la naissance très attentif à la parole, sensible aux rythmes et intonations des discours de l'entourage. Ses productions sont élémentaires (cris, pleurs, etc.) et sont contraintes par la physiologie du conduit vocal dont l'immaturité ne permet pas la production de sons articulés. Cependant, ces vocalisations réflexes sont suffisantes pour établir une communication.

■ *Le babillage rudimentaire (2-7 mois) : jasis, babillage, gazouillis*

À partir de 2 mois, l'activité phonatoire du nourrisson se caractérise par la production de sons sans signification. Ces sons, initialement le fait du hasard, marquent vers 5 mois le début de la maîtrise de la vocalisation avec l'apparition de modulations, de variations de sa voix, l'apparition des jeux avec la langue et la bouche. Le babillage peut être en ce sens considéré comme le premier comportement volontaire de l'enfant. Enfin, le babillage comporte jusqu'à 6 mois des phonèmes n'appartenant pas à la langue maternelle du nourrisson.

■ *Le babillage canonique (7–11 mois)*

Il se caractérise par la production et la répétition de syllabes simples, identiques, nettes et bien articulées (*pa-pa-pa*). Vers 10-11 mois, on assiste à une diversification du babillage avec une augmentation de suites polysyllabiques (*badata, babibo...*) et au développement de deux intonations : une inflexion montante des séquences demandant une réponse et une inflexion descendante des séquences n'exigeant pas pour leur part de réponse.

Les études interlangues ont mis en évidence l'influence de la langue maternelle en permettant de séparer ce qui est universel et les modifications systématiques liées à l'expérience d'une langue donnée. Il a été ainsi souligné l'existence de ressemblances dans les babillages et l'existence de caractéristiques différentes, notamment au niveau de la qualité de la voix, de la manière d'articuler ou encore des modulations des syllabes. Ces différences dépendent de la langue et de la culture.

3.2 La phase linguistique

Cette phase correspond à l'apparition du langage proprement dit et présente plusieurs caractéristiques.

■ *L'extension du lexique*

Les premiers mots apparaissent entre 12 et 14 mois. Il s'agit d'une production de mots isolés où chaque mot est utilisé seul pour désigner un objet, une action ou encore une situation. Le mot remplit la fonction d'une phrase entière, d'où la terminologie proposée d'*holophrases*. L'interprétation sera faite par l'entourage à partir de la situation d'énonciation, de l'intonation, de la mimique ou encore des gestes associés.

Vers 18 mois, on assiste au phénomène de l'explosion du vocabulaire (entre 1 à 10 mots nouveaux par jour). Les premiers mots se réfèrent à un vocabulaire sociopragmatique (*non, allô, au revoir*, etc.) et/ou à des mots concrets permettant de désigner des personnes, animaux ou objets (entre 40 et 65 %). Les verbes et adjectifs apparaissent en revanche moins nombreux que les mots car leur sens est plus difficile à saisir et leur apprentissage dépend de la compréhension des phrases. Les études interlangues montrent que les premiers mots se retrouvent d'une langue à l'autre (*e.g.* le nom des personnes qui s'occupent d'eux ou des objets nécessaires à la survie). La prédominance universelle des mots peut s'expliquer par l'avantage lié à l'identification des objets dans le monde, aux relations avec les objets. De même, les facteurs prosodiques ou syntaxiques accentuent les noms et les rendent ainsi plus saillants que les adjectifs ou les verbes. Néanmoins, la structure de la langue parlée et le marquage culturel transparaissent déjà. Ainsi par exemple, en français, on trouvera une proportion plus élevée de termes se rapportant à la nourriture alors qu'en japonais, on retrouvera plus d'éléments de la nature.

■ *Le développement de la signification*

La période linguistique se caractérise également par une évolution de la signification des mots. Quatre phases peuvent être distinguées.

- **Absence de correspondance entre le signifié et le signifiant** – L'enfant attribue un nom à un objet auquel il ne correspond pas.
- **Recouvrement partiel ou sous-généralisation** – L'enfant utilise un mot de manière restrictive ou dans des conditions particulières. C'est le cas chaque fois que l'enfant acquiert un nouveau mot qui est produit dans une situation précise. La généralisation de l'utilisation du mot est liée à la multiplication des instances référentielles.
- **Surgénéralisation** – L'enfant utilise un mot dans plusieurs situa-

tions et l'applique à un ensemble de référents plus large que celui admis par l'adulte. Il a identifié certains traits élémentaires et mis à l'écart un ou plusieurs attributs de l'objet. Par exemple, sélection des traits animés, quadrupède, de grande taille et généralisation à tout animal présentant ces caractéristiques.

- **Correspondance exacte** – L'enfant utilise cette fois-ci le terme de manière conforme à celle de l'adulte grâce à l'ajout de traits sémantiques supplémentaires.

■ *Le développement de la syntaxe*

L'apparition des premières phrases se situe vers 20-24 mois. Auparavant, il s'agit plutôt d'expressions toutes faites, apprises comme un tout. Ce n'est pas avant la fin de la deuxième année qu'apparaissent les premières combinaisons de mots. L'association de deux ou plusieurs mots accroît la valeur informative des énoncés et l'expression de relations sémantiques. Mais se pose alors le problème de la syntaxe : l'enfant va devoir maîtriser les contraintes linguistiques régissant l'organisation séquentielle des mots.

3.3 L'importance de la notion de variabilité interindividuelle

Il existe une variabilité interindividuelle aussi bien dans le rythme d'acquisition des premiers mots (rythme régulier *vs* pics d'acquisition) que dans le style d'entrée dans le langage. Deux voies d'acquisition du langage peuvent être distinguées :

– l'une donnant la priorité au lexique : le vocabulaire de certains enfants (qualifiés de référentiels) apparaît composé essentiellement de mots isolés désignant des personnes, objets ou des animaux ;

– l'autre à la syntaxe : le vocabulaire d'autres enfants (qualifiés pour leur part d'expressifs) se révèle plus diversifié avec des pronoms, des formules sociales, des expressions toutes faites, des longues séquences ressemblant à des phrases.

3.4 Le développement ultérieur

Le langage de l'enfant à partir de 5 ans ressemble fortement à celui des adultes, même s'il persiste toujours certaines erreurs. Le développement du langage ne s'achève pas bien entendu au terme des premières années d'école mais se poursuivra avec l'augmentation du vocabulaire ou encore la production de phrases de plus en plus complexes (avec par exemple la production de formes négatives, de formes impératives, etc.).

4 Le langage et l'entourage

L'enfant n'apprend pas à parler seul mais dans un contexte de dialogue lui enseignant simultanément des choses sur les objets, l'environnement et sur la façon de communiquer. L'acquisition du langage s'inscrit donc dans le contexte riche d'interactions sociales, constituées de comportements socialement orientés et réciproquement adressés.

La communication suppose un message adressé intentionnellement à l'interlocuteur avec un contenu informationnel. Dès la 1re année, un système de communication sociale prélinguistique entre le bébé et son entourage se met en place. Les premières communications sont asymétriques : le bébé ne maîtrise pas l'effet de son émission, c'est l'entourage qui interprète cette émission comme un message. Par la suite, la communication devient intentionnelle et réciproque : les messages sont émis et reçus selon un code commun.

4.1 L'adaptation du langage des adultes

Les adultes ne parlent pas de la même façon aux jeunes enfants. Ils cherchent à se faire comprendre et adaptent leur langage aux capacités langagières de l'enfant. Il peut être ainsi observé des modulations de la prosodie et de la voix de la mère parlant aux bébés (*motherese*) avec un registre de voix plus haut qu'à l'habitude, des modulations et variations de hauteur très exagérées, des formes mélodiques plus douces. Ces modulations – accompagnées d'expressions faciales exagérées, de mouvements rythmiques du corps et d'ajustements de postures – focalisent l'attention du bébé et accentuent son intérêt en lui indiquant qu'il en est le bénéficiaire. Les caractéristiques prosodiques restent importantes jusqu'à la fin de la 3e année de l'enfant avec également la production de mots faciles à prononcer et dont la prononciation est bien visible, la production de phrases simples et courtes avec des répétitions.

4.2 L'influence du milieu social

Il peut être distingué des styles langagiers différents en fonction du milieu et notamment être fait la différence entre parler *à* son enfant et parler *avec* son enfant. Ainsi, les parents de milieu favorisé parlent davantage, encouragent davantage à poursuivre, expliquent davantage et interdisent moins, s'engagent dans les points de vue exprimés (*je pense que, à mon avis…*), utilisent une syntaxe précise. Les parents de milieu défavorisé produisent en revanche moins de stimulations verbales, moins de commentaires positifs, utilisent une syntaxe plus pauvre avec un grand nombre d'expressions toutes faites.

Pour aller plus loin

CHEVRIE-MULLER C., NARBONNA J. (2007). *Le Langage de l'enfant. Aspects normaux et pathologiques*. Paris : Masson, 3e édition.

DE BOYSSON-BARDIES B. (2004). *Comment la parole vient aux enfants.* Paris : Odile Jacob.

FLORIN A. (1999). *Le Développement du langage.* Paris : Dunod, coll. « Les Topos ».

RONDAL J.-A., ESPÉRET É. (1999). *Manuel de psychologie de l'enfant*. Bruxelles : Mardaga.

Fiche 12
L'apprentissage du langage écrit

Contrairement au langage oral, le langage écrit n'est pas un « développement naturel » mais doit être considéré comme le produit de la culture. En effet, un enfant n'apprendra pas à lire au seul contact de l'écrit alors qu'il suffit qu'il soit placé dans un bain linguistique pour qu'il acquière le langage oral. En d'autres termes, l'enfant doit apprendre à lire. Cet apprentissage sera d'autant mieux accepté que l'enfant sera confronté précocement à l'écrit, que son utilité sera évidente et où le plaisir obtenu compensera largement l'effort consenti.

1 L'acte de lire

La lecture est une activité cognitive complexe mettant en jeu des habiletés de différentes natures : des habiletés générales (*e.g.* attention, connaissances générales) et des habiletés spécifiques au traitement de l'information écrite. De façon générale, l'acte de lire fait schématiquement appel à l'interaction de deux composantes essentielles dans le traitement de l'écrit :

- une composante de traitement de bas niveau, l'*identification des mots écrits ;*
- une composante de traitement de plus haut niveau, la *compréhension.*

2 L'identification des mots

L'identification du mot consiste donc à mettre en relation une représentation écrite avec l'unité correspondante stockée dans le lexique interne. Étudier l'identification des mots revient à déterminer comment le lecteur accède au lexique mental constitué de l'ensemble des mots connus et des différentes informations reliées à ces mots (informations orthographiques, sémantiques ou encore phonologiques).

Différentes modélisations ont été proposées pour décrire comment se mettent en place les procédures d'identification des mots écrits. Selon les modèles développementaux élaborés à partir des années quatre-vingt, l'apprenti-lecteur passerait par une série de stades, chacun caractérisé par l'adoption d'une procédure particulière d'identification de mots. Le modèle de Frith (1985) décrit trois stades.

■ *Le stade logographique*

Avant l'apprentissage formel de la lecture et au tout début de l'apprentissage, l'enfant utiliserait, pour reconnaître les mots familiers, une procédure d'identification globale. Cette procédure logographique consisterait à mémoriser le patron visuel des mots écrits à partir d'indices saillants dans les mots ou dans leur environnement (*e.g.* Coca-Cola, les prénoms des enfants de leur classe). Lors de cette phase, l'enfant n'effectuerait pas un traitement linguistique mais un traitement pictural d'un ensemble de signes associant un mot oral à son image écrite. Il convient néanmoins de souligner que le caractère obligatoire de ce stade initial est contesté. De nombreux chercheurs ne considèrent plus la procédure logographique comme une étape à part entière dans le processus d'apprentissage. Il semble plus légitime de parler de lecteurs logographiques que de stade logographique véritable.

■ *Le stade phonologique*

Ce deuxième stade se caractérise par la mise en place des règles de correspondances grapho-phonologiques (CGP) consistant à relier le code graphémique (séquence de graphèmes) au code phonologique (séquence de phonèmes). À cette fin, l'enfant doit prendre conscience de la structure phonologique de la parole, être capable de repérer dans l'oral les unités non signifiantes inférieures au mot, analyser explicitement la parole, autrement dit témoigner d'une conscience phonologique.

■ *Le stade orthographique*

La connaissance des CGP ne suffit cependant pas à une maîtrise des mots écrits. Il existe des mots irréguliers (*e.g.* monsieur, femme, album) pour lesquels l'application des règles de CGP conduirait à une prononciation erronée. Pour identifier correctement ces mots, le lecteur doit recourir à une autre procédure, la procédure orthographique (encore appelée procédure directe ou par adressage). Cette procédure consiste à reconnaître les mots par un traitement des configurations orthographiques visuelles sans recours systématique aux règles de CGP. Au cours de cette troisième et dernière étape, l'enfant va retrouver directement les mots en mémoire sur la base de leurs segments orthographiques.

3 La lecture experte

Le lecteur habile utilise ces deux procédures de façon complémentaire et conjointe. L'acquisition de la lecture experte correspond donc à l'articulation de ces deux procédures de reconnaissance de mots permettant de reconnaître avec précision, rapidité et automaticité les mots. La procédure par adressage est généralement utilisée pour identifier de manière directe les mots familiers et/ou irréguliers et la procédure par assemblage permet l'identification de mots inconnus ne faisant pas – ou pas encore – partie du lexique mental de l'enfant. Cependant, l'assemblage phonologique du lecteur habile diffère du déchiffrage lent et laborieux du lecteur débutant ou mauvais lecteur. Dans le premier cas, l'acte en jeu est entièrement automatique et requiert peu ou pas de ressources attentionnelles alors que, dans le second, il exige que le lecteur oriente son attention vers cette activité qui, par conséquent, en mobilise une partie importante. Cette allocation de l'attention à l'identification des mots s'opère alors au détriment des processus de compréhension.

4 La compréhension

L'identification des mots constitue l'aspect spécifique de la lecture. Il paraît en effet inconcevable d'accéder à la signification du texte sans pouvoir identifier au moins une partie des mots qu'il comporte. Il faut cependant garder présent à l'esprit que la finalité de la lecture n'est pas l'identification des mots mais bien la compréhension du mot, de la phrase et/ou du texte lus.

La compréhension n'est pas considérée comme un processus spécifique à l'écrit. Sa spécificité serait liée aux spécificités du médium, *i.e.* permanence de l'écrit *vs* fugacité de l'écrit. Ces spécificités vont permettre de contrôler le flux d'entrée des informations ou encore rendre possible les retours en arrière (*e.g.* relecture en cas de mauvaise compéhension).

Comprendre une phrase et/ou un texte écrit nécessite de la part du lecteur d'identifier les mots écrits mais également de tenir compte des significations associées aux mots, des marques grammaticales (accords, prépositions, articles, etc.) et de l'ordre des différents constituants de la phrase. Cette information devra être ensuite intégrée dans le thème général du texte puis intégrée à un ensemble plus large, sa base de connaissances sur le monde.

5 L'importance de l'automatisation

Les procédures d'identification doivent être non seulement correctement effectuées mais également être largement automatisées. De fait, le coût attentionnel de la reconnaissance des mots doit être faible afin que le lecteur puisse consacrer de l'attention aux processus impliqués dans la compréhension.

Chez le lecteur habile, les activités d'identification des mots et d'élaboration de la signification sont déployées simultanément et en interaction. Pour le lecteur novice et/ou le mauvais lecteur, en revanche, les procédures d'identification ne s'effectuant pas encore de façon automatique, les traitements conduisant à la compréhension ne peuvent pas en conséquence être menés simultanément. Au cours de l'apprentissage, il s'agit donc d'installer les traitements spécifiques à la lecture mais aussi d'atteindre un niveau d'automaticité permettant que ces traitements soient les moins coûteux possible en attention.

6 Les difficultés en lecture

Si la majorité des enfants apprend à lire au terme des deux ans d'apprentissage formel de la lecture, un certain nombre d'enfants manifeste chaque année des difficultés dans l'apprentissage de la lecture et 15 % des enfants de 6e présentent encore des difficultés pour traiter l'écrit. Il convient cependant de faire la distinction entre :

- Les difficultés en lecture non spécifiques qui s'inscrivent dans le cadre de difficultés générales de l'apprentissage marquées par un retard scolaire général et éventuellement associées à des troubles moteurs, praxiques et/ou comportementaux.

- Les difficultés spécifiques en lecture caractérisées pour leur part par des difficultés en lecture en l'absence de tout autre déficit (*cf.* fiche 19).

Fiche 12

Pour aller plus loin

DEMONT É., METZ-LUTZ M.-N. (2007). *L'Acquisition du langage et ses troubles.* Marseille : Solal.

ÉCALLE J., MAGNAN A. (2002). *L'Apprentissage de la lecture.* Paris : Armand Colin.

FRITH U. (1985). « Beneath the surface of developmental dyslexia », in R.E. Patterson, J.C. Marshall et M. Coltheart (éds.), *Surface dyslexia : cognitive and neuropsychological studies of phonological reading.* Londres, Erlbaum, 301-330.

SPRENGER-CHAROLLES L., COLÉ P. (2006). *Lecture et dyslexie : approche cognitive.* Paris : Dunod.

Fiche 13
Les cognitions sociales à l'adolescence

1 Généralités

L'émergence de la pensée formelle (Fiche 9) n'affecte pas seulement le raisonnement des adolescents dans des situations scolaires, elle a également un impact important sur leur vie sociale et personnelle. On porte ainsi attention à ce qu'on appelle les cognitions sociales : il s'agit de la pensée des adolescents les concernant, mais aussi concernant leurs relations avec les autres et leur participation à des groupes et à la société en général.

Des réactions typiques des adolescents, comme leur capacité à discuter les consignes des parents ou des enseignants, ou leur égocentrisme, peuvent exaspérer les adultes. Pourtant ces réactions sont une des caractéristiques du développement des adolescents.

2 De l'art de la discussion

« Pourquoi je dois me coucher tôt ? Demain y'a pas école ! » Si des parents peuvent répondre « Parce que c'est moi qui décide ! » à un enfant de 8 ans sans craindre de fortes discussions, il n'en est pas de même avec un(e) adolescent(e) de 14 ans. Cet(te) adolescent(e) risque d'emmener ses parents dans une discussion sans fin, apportant des arguments les uns après les autres et mettant en lumière les éventuelles contradictions des parents, démontrant en cela des compétences cognitives nouvelles. Cela exaspère les parents et participe de l'augmentation des conflits parents/enfants à l'adolescence.

Si ces discussions ne sont pas trop fréquentes et ne dégénèrent pas, elles participent du développement des adolescents. Par ces discussions, portant souvent sur les règles et les pratiques intrafamiliales, les adolescents apprennent les valeurs de leurs parents et les raisons qui les sous-tendent. Finalement, ils adopteront beaucoup de ces croyances en les considérant finalement comme valides.

Cette capacité nouvelle à argumenter se traduit par les multiples joutes verbales auxquelles participent les adolescents, portant le plus souvent sur les faits politiques et les valeurs morales.

3 De l'égocentrisme

L'émergence de la pensée formelle au cours de l'adolescence est accompagnée d'une augmentation importante de l'égocentrisme, une différenciation inadéquate entre sa propre pensée et celle des autres (Inhelder et Piaget, 1955). Temporairement submergés par la conscience de soi et la pensée abstraite, et sujets à des changements physiques importants (fiche 8), les adolescents deviennent plus centrés sur eux-mêmes. Les effets de l'égocentrisme de l'adolescent sont compris au travers de deux concepts reliés : l'audience imaginaire et la fable personnelle. Ils rendent compte d'une variété importante de comportements typiques des adolescents. Attention, l'égocentrisme n'est pas de l'égoïsme !

3.1 *Une audience imaginaire (ou un auditoire imaginaire)*

> **Exemple** : ce matin Julie vit un véritable cauchemar : son pire ennemi est apparu dans la nuit sous la forme d'un bouton, bien visible sur le nez : « C'est horrible ! Ça va être la honte au lycée ! ».

Cette péripétie et les propos qui l'accompagnent caractérisent l'état de centration sur soi observé à l'adolescence. L'audience imaginaire résulte de l'échec à différencier ses propres pensées de celles des autres, ce qui peut conduire l'adolescent à croire que les autres sont préoccupés par ses pensées et ses comportements. De cette façon, les adolescents pensent qu'ils ont sans cesse à anticiper les réactions d'une « audience imaginaire ». C'est une audience puisque les adolescents ont la sensation qu'ils sont le centre de l'attention mais elle est imaginaire dans le sens où les autres ne sont pas réellement concernés par l'adolescent et ses propres préoccupations. Anticiper les réactions de cette audience imaginaire les aide dans la conscience de soi et rend compte de l'inquiétude excessive concernant leur apparence : le garçon ou la fille qui reste devant le miroir pendant une heure pour se coiffer est probablement en train de penser comment il ou elle paraît devant les autres.

La préoccupation de la réaction des autres aide à comprendre les sentiments de honte qui submergent les adolescents qui ne veulent pas que leur mère les accompagne « sapée comme ça… Je vais me taper la honte ! ».

La conscience intense du regard des autres est à l'origine de la réaction excessive des adolescents face aux critiques ou remarques, comme tout parent ou adulte peut l'observer. Une autre des manifestations fréquentes de l'audience imaginaire est l'anticipation des adolescents sur ce que les autres diront ou comment ils réagiront à leur mort. Ils espèrent alors qu'ils seront reconnus pour leur qualité.

3.2 Une fable personnelle

Un autre versant de l'égocentrisme est la surdifférenciation des sentiments des adolescents par rapport à ceux des autres, les poussant à exagérer leur propre unicité.

Désormais plus conscients d'eux-mêmes, les adolescents se sentent au moins aussi importants que le reste du monde ; ils tendraient alors à se regarder comme plus spéciaux et uniques qu'ils ne le sont en réalité. Ceci est connu sous le nom de fable personnelle, une histoire subjective qu'ils se racontent et qui n'est pas vraie. Le concept de fable personnelle aide à interpréter le typique « Vous ne me comprendrez jamais ! ».

Des signes de la fable personnelle peuvent être retrouvés dans les journaux intimes. Les adolescents y expriment ces sentiments d'incompréhension ou leur désir de vivre une vie différente de celle de leurs parents. Le premier chagrin d'amour est aussi l'occasion de voir ces signes : personne n'a jamais souffert comme il/elle souffre.

La conjonction de la fable personnelle et la recherche de sensations caractéristiques de l'adolescence peuvent conduire certains adolescents à présenter des conduites à risque en ayant la sensation qu'ils ne sont pas sujets aux dangers ou au destin suivi habituellement par les autres. Ainsi en 2000, Greene et ses collaborateurs ont montré que les jeunes gens avec des notes élevées à des items évaluant l'audience imaginaire et la recherche de sensations prenaient plus de risques en ce qui concernait leurs pratiques sexuelles, consommaient davantage de stupéfiants et présentaient davantage de comportements délinquants.

L'audience imaginaire et la fable personnelle atteignent le paroxysme pendant la transition entre le stade des opérations concrètes et celui des opérations formelles. Elles déclinent graduellement. L'audience imaginaire diminue en fonction de l'âge alors que la fable personnelle diminue en fonction de l'âge et du niveau scolaire.

Pour aller plus loin

BERK L.E. (2005). *Infants, Children, and Adolescents.* Boston : Allyn & Bacon, 5e éd.

ELKIND D. (1967). « Egocentrism in adolescence », *Child Development*, *38*, 218-226.

GREENE K., KRCMAR M., WALTERS L.H., RUBIN D., HALE J., HALE L. (2000). « Targeting adolescent risk-taking behaviors : The contributions of egocentrism and sensation-seeking », *Journal of Adolescence*, *23*, 439-461.

INHELDER B., PIAGET J. (1955). *De la logique de l'enfant à la logique de l'adolescent : essai sur la construction des structures*. Paris : PUF.

LEHALLE H., MELLIER D. (2005). *Psychologie du développement. Enfance et adolescence*, Paris : Dunod.

4

Le développement social

Fiche 14
L'attachement

1 Problématique et généralités

1.1 *Définition*

Le terme attachement fait référence à des liens émotionnels forts entre les enfants et leurs premiers donneurs de soins (Bowlby, 1969). L'attachement est un lien affectif particulier faisant intervenir un sentiment de sécurité. On parle d'**attachement** pour caractériser le lien de l'enfant au parent ; la langue anglaise permet de distinguer l'attachement du parent à l'enfant par le terme **bonding**.

1.2 *Phénomène*

Lorsqu'il est séparé de son donneur de soins, le jeune enfant peut manifester des signes d'inconfort signant son attachement à ce donneur de soins. Les manifestations les plus communes de l'attachement de l'enfant au donneur de soins, et plus particulièrement la mère, sont **l'anxiété de séparation**, la **peur de l'étranger** et la **référence sociale** :

- Anxiété dc séparation : pleurs, agrippement lors du départ du donneur de soins.
- Peur de l'étranger : pleurs, fouissement en présence d'un étranger.
- Référence sociale : capacité de discrimination et d'adaptation aux différentes expressions faciales du donneur de soins.

1.3 Étapes dans le développement de l'attachement

Schaffer et Emerson (1964) ont étudié le développement des attachements sociaux chez des enfants de leur naissance à l'âge de 18 mois. Ils ont ainsi déterminé quatre stades dans le développement de l'attachement :

- Stade asocial (de 0 à 6 semaines) : pas de réponses différenciées vis-à-vis des humains en comparaison d'objets.
- Stade des attachements indifférenciés (de 6 semaines à 6-7 mois) : les enfants préfèrent la compagnie d'êtres humains. Ils sont apaisés par toute présence humaine.
- Stade des attachements spécifiques (à partir de 7-9 mois jusqu'à 24 mois) : anxiété de séparation ; joie lors des épisodes de réunion avec des personnes particulières.
- Stade des attachements multiples (à partir de 8 mois) : plusieurs figures d'attachement (mère, père, frères et sœurs, etc.).

2 Éléments théoriques

Plusieurs auteurs, au premier rang desquels John Bowlby, ont théorisé l'attachement à partir des années soixante.

2.1 Bowlby : innéité et proximité

S'appuyant entre autres sur les travaux d'Harlow (1958) avec des petits primates, Bowlby (1969) développe un point de vue original sur l'attachement. Selon lui, l'attachement renvoie à un besoin de contact social **inné** et **primaire**. Ce besoin d'autrui est un besoin de protection (sur laquelle repose la survie de l'enfant et de l'espèce). Ce besoin est primaire car il est spécifique et indépendant des autres besoins. Il doit en effet être satisfait au même titre que d'autres besoins physiologiques fondamentaux (chaleur, nourriture). Il n'est pas secondaire à la satisfaction de la faim – position alors développée par les tenants de la psychanalyse. L'innéité du besoin d'attachement explique que soit disponible dès la naissance un répertoire comportemental – comportements d'attachement – qui permet d'attirer et maintenir la présence d'autrui (ex : la succion, l'agrippement, la poursuite oculaire, les pleurs). L'attachement fonctionne comme un **système de régulation de la proximité** : le rapprochement ou le maintien de la présence d'autrui est un signal qui arrête le comportement (par exemple les pleurs). L'écart spatial mais aussi les conditions externes (obscurité, bruit) et les conditions internes (douleur) sont susceptibles de déclencher l'un des comportements d'attachement. Avec le développement cognitif, la proximité devient moins importante dans le déclenchement des comportements d'attachement car l'enfant construit une **représentation** de ses figures d'attachement qu'il peut activer en leur absence : ce sont les **modèles internes**.

2.2 Ainsworth : la qualité du lien

Mary Ainsworth insiste quant à elle sur le fait que l'attachement soit un type particulier de lien affectif qui fait intervenir un sentiment de sécurité. Elle met au point la **situation étrange** (1978) qui est une succession de séparations et de retrouvailles entre une mère et son enfant, celui-ci étant parfois laissé seul avec une personne étrangère. Cette situation lui permet de catégoriser les attachements en fonction des comportements de l'enfant. Elle décrit ainsi trois catégories :

- Les attachements **évitants** : évitement des situations de proximité, qu'il s'agisse des situations de réunion avec la mère ou lors de la présence de l'étranger, voire plus de proximité avec l'étranger (20 à 25 % des enfants aux USA).
- Les attachements **sécurisants** : recherche de proximité avec la mère et de maintien du contact particulièrement pendant les épisodes de

réunion. Les enfants sont toujours plus positifs à l'égard de leur mère que de l'étranger (environ 60 % des enfants aux USA).

- Les attachements **résistants** (ou encore ambivalents) : les bébés manifestent à la fois des comportements de recherche et d'évitement de la proximité et du contact avec leur mère. Très marqués par la nouveauté de l'environnement, ils paraissent alertés pendant l'intégralité de la séance, explorent peu ou pas, et sont très difficiles à apaiser lors des épisodes de réunion (10 à 15 % aux USA).

Une quatrième catégorie d'attachement (D) est décrite par Main et Solomon (1986) : l'attachement **désorganisé**. Il est caractérisé par une curieuse combinaison de l'attachement résistant et évitant (tremblements lors des épisodes de réunion, enfants hébétés ou se rapprochant vivement de leur mère puis s'en écartant d'un coup). Les enfants présentant ce mode d'**attachement** courent le plus de risques de psychopathologie. Le pourcentage d'enfants présentant cette forme d'attachement est très élevé chez les enfants victimes de maltraitance.

Si la forme « attachement sécurisé » semble la plus fréquente, indépendamment des cultures, il existe des variabilités interculturelles qu'il faut analyser avec beaucoup de précautions. Ainsi si l'attachement sécurisant est fréquent chez les petits Allemands (33 %), l'attachement évitant est plus fréquent (46 %) par rapport à ce que l'on observe chez les enfants américains (20 %) ou japonais (5 %). Ceci peut être expliqué par le fait que les parents favorisent la distance physique et l'indépendance (Grossmann et coll., 1985). En quelque sorte, les parents renforceraient certains comportements en fonction des croyances et pratiques culturelles.

2.3 Gewirtz : le principe du renforcement

Gewirtz et les psychologues se référant à la psychologie comportementale contemporaine mettent en avant d'autres éléments pour expliquer le maintien des comportements d'attachement, en particulier les manifestations comme les pleurs et l'agrippement lors des séparations. Selon Gewirtz et Peláez-Nogueras (1991), les comportements d'attachement comme les pleurs (mais ce peut être aussi le sourire) sont renforcés par les parents lorsqu'ils prêtent attention à ces comportements. Par définition, les comportements renforcés augmentent en fréquence dans des situations identiques. Une de leurs études montre ainsi que les pleurs et les signes d'alerte lors d'une séparation d'avec la mère augmentent lorsque celle-ci y prête attention. Mais par le même principe du renforcement, lorsque l'on prête attention aux comportements de l'enfant autres que les pleurs, le sourire par exemple, ce comportement augmente et les pleurs diminuent (Clément, 2006).

3 Complément : le trouble anxiété de séparation

Le **Trouble Anxiété de Séparation** (TAS) peut être considéré comme le versant pathologique de l'anxiété de séparation développementale. Il est défini comme une anxiété excessive lors de la séparation d'avec une figure d'attachement ou en anticipation de celle-ci. Chez les enfants et les adolescents, la prévalence du trouble est d'environ 4 % avec une forte variabilité : elle ne dépasserait pas 2,4 % chez les adolescents et pourrait atteindre jusqu'à 13 % des enfants selon les études.

Trois critères peuvent nous aider à distinguer l'anxiété de séparation développementale du TAS : 1) le TAS est présent plus tardivement (dans la deuxième enfance ou à l'adolescence) ; 2) le TAS persiste ; 3) le TAS est plus intense et retentit sur le fonctionnement de l'enfant et/ou son bien-être émotionnel.

Les **Thérapies Comportementales et Cognitives** (TCC) sont un traitement de choix des troubles anxieux chez l'enfant et l'adolescent. On proposera au jeune patient, dès 6-7 ans, un travail sur l'anxiété (relaxation, respiration), l'exposition graduelle aux situations anxiogènes et la restructuration de ces pensées dysfonctionnelles (ex : scénarios catastrophes sur la disparition de ses parents). Les situations anxiogènes auxquelles le jeune patient sera exposé avec son consentement peuvent être le fait de rester seul à la maison pendant quelques minutes, puis pendant des périodes plus longues, ou encore ne pas appeler son parent pendant une après-midi.

Pour aller plus loin

BOWLBY J. (1969). *Attachement et perte*. Paris : PUF, dernière édition, 2002.

CLÉMENT C. (2006). *Apprentissage et conditionnements*. Paris : Dunod.

CLÉMENT C. (2008). « Perspectives thérapeutiques dans le trouble anxiété de séparation », *Cognition, santé et vie quotidienne,* vol. 2. Reims : Presses universitaires de Reims.

DSM-IV : TEXT REVISION (2004). *Manuel diagnostique et statistique des troubles mentaux.* Paris : Masson.

GEWIRTZ J.L., PELÁEZ-NOGUERAS M. (1991). « The attachment metaphor and the conditioning of separation protests », in J.L. Gewirtz et W.M. Kurtines (éds.), *Intersections with attachment,* Hillsdale, NJ : Erlbaum, 123-144.

GROSSMANN K., GROSSMANN K.E., SPANGLER G., SUESS G., UNZNER L. (1985). « Maternal sensitivity and newborns' orientation responses as related to quality of attachment in Northern Germany », *Monographs of the Society for Research in Child Development*, *50*, 233-256.

HARLOW H.F. (1958). « The Nature of Love », *American Psychologist, 13*, 673-685, *http://psychclassics.yorku.ca/*

MAIN M., SOLOMON J. (1986). « Discovery of a new, insecure-disorganized/disoriented attachment pattern », in T.B. Brazelton et M. Yogman (éds.), *Affective development in infancy*, Norwood, NJ : Alex, 95-124.

SCHAFFER H.R., EMERSON P.E. (1964). « The development of social attachments in infancy », *Monography of the Society of Research in Child Development*, *29*, 3 serial n° 94.

ZAOUCHE-GAUDRON C. (2003). *Le Développement social de l'enfant. Du bébé à l'enfant d'âge scolaire.* Paris : Dunod.

Fiche 15
Le développement moral

1 Définition et ontogenèse

À mesure que l'enfant grandit, ses comportements vont être appréciés en terme de moralité, la morale étant définie comme l'ensemble des règles de conduite et des valeurs qui définissent la norme d'une société. Pour Shaffer (1999), la moralité est une série de principes qui permettent aux individus de distinguer le bien du mal (**composante cognitive**), d'agir sur cette distinction (**composante comportementale**) et d'expérimenter les émotions correspondantes (**composante émotionnelle**).

Pour évoquer les comportements moraux, on utilisera souvent le terme **prosocial**, qui renvoie à différents comportements : aide, coopération, partage, soin, amitié, affection, empathie et sympathie.

1.1 Jalons chronologiques

On observe les premiers comportements altruistes entre un et deux ans : les enfants aident un pair blessé, prêtent leurs jouets, tentent de réconforter un autre enfant ou un adulte en détresse. Selon Bee (1997), les données empiriques ne permettent pas de cerner les modèles de développement, mais les comportements prosociaux augmenteraient avec l'âge. Si on donne l'occasion à un enfant de partager un gâteau

avec un enfant qui n'en a pas, plus l'âge de l'enfant augmente, plus l'enfant est porté à offrir la part la plus grosse du gâteau.
Néanmoins, il existe de fortes variations interindividuelles quant au nombre de comportements altruistes dont les enfants font preuve. Cette variation serait liée aux modèles d'interaction au sein des familles.

2 Le raisonnement moral

Les études sur le raisonnement moral, la composante cognitive, visent à dégager des **stades** de développement ; pour y parvenir les chercheurs interrogent les sujets à partir d'histoires ou dilemmes.

2.1 *Les petites histoires de Jean Piaget*

Des enfants âgés de 5 à 9 ans jugeront le petit Jean qui a cassé 8 tasses, sans intention de le faire, comme plus méchant que Thomas qui, lui, n'a cassé qu'une tasse en tentant de chaparder des biscuits. Vers 10-11 ans, les jugements des enfants dépendront davantage de l'intention de l'acteur que des dommages causés : Thomas sera donc considéré comme plus méchant que Jean.
Piaget distingue deux types d'attitudes morales : l'une – objective – se fonde sur le résultat matériel des actes, la seconde – subjective – se fonde sur les intentions. Ces attitudes peuvent coexister chez un même enfant et se révéler en fonction par exemple de son histoire (s'il a déjà vécu une situation où il s'est fait punir alors que son intention n'était pas mauvaise). La **responsabilité objective** tend à diminuer avec le développement cognitif alors que la **responsabilité subjective** s'accroît en parallèle.

2.2 *Les dilemmes de Lawrence Kohlberg*

Kohlberg propose aux sujets une histoire dans laquelle le protagoniste principal se retrouve face à un dilemme. Ainsi dans **le dilemme**

de Heinz, Heinz doit choisir entre laisser mourir sa femme et voler un médicament pour la sauver. Une série de questions est proposée après que le dilemme a été exposé : Heinz a-t-il eu raison de voler le médicament ? Était-ce bien ou mal ? Pourquoi ? Le sujet doit choisir parmi une série de propositions. Ses réponses sont classées selon différents stades et sous-stades. Ce qu'il faut retenir c'est que la **source d'autorité** se déplace au cours des stades : externe au sujet au cours des premiers stades (les parents, les adultes proches), puis élargie à la société et enfin interne au sujet lors des derniers stades.

Tableau 15.1

Niveaux et stades de développement moral d'après Kohlberg (adapté de Berk, 2005)

Niveau 1 : Morale préconventionnelle	
Stade 1 : Orientation vers la punition et l'obéissance	Peur de l'autorité et évitement de la punition
Stade 2 : Relativisme instrumental	Comportements pour la satisfaction des besoins personnels
Niveau 2 : Morale conventionnelle	
Stade 3 : Concordance interpersonnelle	Comportements qui garantissent l'affection et l'approbation des proches
Stade 4 : Conscience du système social	Respect des lois pour maintenir l'ordre social
Niveau 3 : Principes moraux ou morale post-conventionnelle	
Stade 5 : Contrat social et droit individuel	Respect des lois qui préservent les besoins collectifs et respectent les droits individuels ; possibilité d'intervenir pour changer ces lois
Stade 6 : Principes éthiques universels	Principes éthiques librement choisis sans référence à la loi ou à l'approbation des autres

La critique majeure concernant l'approche cognitive et particulièrement celle de Kohlberg concerne la **vision absolue** du développement moral et de la pensée sur lesquels reposent les principes moraux. La moralité est pensée comme universelle et les jugements moraux sont considérés comme généralisables et s'imposant dans différents contextes sociaux, culturels et différentes situations.

Au contraire, les théoriciens de l'apprentissage ont une approche **relativiste** mettant en avant le contexte et les conséquences des comportements moraux et immoraux. Si les pensées et les sentiments peuvent augmenter la probabilité d'un comportement moral, ils ne le garantissent pas.

3 Le comportement moral

Ainsi dans le cadre de la théorie de l'apprentissage social, le comportement prosocial et les actions et jugements moraux sont considérés comme étant sous l'influence des conséquences expérimentées antérieurement ou des conséquences envisagées par le sujet. L'approche du développement moral est ici **contextualiste**. Il s'agit de comprendre comment l'histoire du sujet, son appréciation de la situation et la situation elle-même interagissent pour amener le sujet à avoir un comportement considéré comme moral ou non.

3.1 Mécanisme du renforcement et attribution

Les adultes promeuvent le développement de l'altruisme en renforçant les actes de gentillesse des enfants, par exemple par des félicitations : « C'est bien tu as partagé avec ta sœur ; toi tu es grand ! » Mais ceci n'est pas suffisant. Il est important que les enfants attribuent leur comportement à des valeurs internes plutôt qu'à des récompenses externes.

Ainsi le **renforcement verbal** peut promouvoir l'altruisme quand il est administré par une personne chaleureuse et charitable pour laquelle les enfants ont du respect et de l'admiration. L'**attribution** de leur comportement est alors le fait de variables internes.

Les théoriciens de l'apprentissage social émettent l'hypothèse que les adultes qui encouragent l'altruisme et qui pratiquent ce qu'ils prêchent, affectent les enfants de deux façons. Le modèle adulte conduit l'enfant à réaliser des actes de gentillesse similaires par imitation. De plus, l'exposition aux exhortations altruistes et aux justifications rationnelles du modèle donne à l'enfant l'opportunité d'internaliser la norme de responsabilité sociale qui contribue au développement d'une orientation altruiste.

De ce point de vue, il n'y a pas d'essence de « moralité » en chacun de nous. Il est donc possible de promouvoir les comportements prosociaux en modulant l'environnement de l'enfant et de l'adolescent, en intégrant à la fois les dimensions cognitives, comportementales et affectives.

Pour aller plus loin

BEE H. (1997). *Psychologie du développement.* Bruxelles : De Boeck.

BERK L.E. (2005). *Infants, Children, and Adolescents.* Boston : Allyn & Bacon, 5e éd.

CHARRON C., DUMET N., GUÉGUEN N., LIEURY A., RUSINEK S. (2007). *La Psychologie de A à Z. 500 mots pour comprendre*. Paris : Dunod.

PIAGET J. (1978). *Le Jugement moral chez l'enfant*. Paris : PUF, 5e éd.

SHAFFER D. (1994). *Developmental psychology : childhood and adolescence*. Pacific Grove : CA, Brokes/Cole.

ZAOUCHE-GAUDRON C. (2003). *Le Développement social de l'enfant. Du bébé à l'enfant d'âge scolaire.* Paris : Dunod.

Fiche 16
Les comportements d'agression

1 Qu'est-ce que l'agression ?

L'agression est un comportement effectué avec l'intention de blesser un être vivant qui lui est motivé pour empêcher ce comportement. On distingue l'**agression hostile**, dont le but principal est de blesser la victime, et l'**agression instrumentale**, dont le but principal est de gagner l'accès à des objets, de l'espace ou des privilèges.

Pour que la société considère un acte comme une agression, il faut que le comportement soit de forte intensité (ex : mordre, tirer les cheveux, etc.) ou fréquent (ex : les moqueries quotidiennes) et intentionnel.

2 Les comportements d'agression dans l'enfance

2.1 La petite enfance – De 6 à 36 mois

Selon Montagner (1988), il y a une compétence précoce à régler les conflits sans agression ouverte, *i.e.* sans contact corporel physiquement dommageable ou inducteur de détresse. Dans les compétitions pour les objets et l'occupation des lieux, on observe le plus souvent un ensemble de comportements qui ont une forte probabilité de canaliser les conflits. Il s'agit de sollicitations, d'offrandes, de menaces, de détournements de la tête, du buste ou du corps tout entier, les retraits et la fuite. Dans la plupart des cas, les agressions sont encore peu fréquentes, peu appuyées et non répétées. Ces comportements sont concomitants de la saisie d'objets. Les agressions deviennent majoritaires par rapport aux menaces et offrandes entre 15 et 20 mois. Il s'agirait d'un phénomène transitoire. L'enfant maîtriserait de mieux en mieux la marche et rencontrerait et/ou créerait davantage de situations conflictuelles.

2.2 L'enfance moyenne

■ *De 2 à 4 ans*

Quand les enfants sont irrités ou frustrés, ils sont plus enclins à lancer des objets ou à frapper les autres. Ainsi l'agression physique serait à son maximum alors que l'agression verbale, relativement rare à 2 ans, s'accroît avec les aptitudes linguistiques (railleries, injures, etc.). Ceci s'observe à la fois dans le comportement vis-à-vis des pairs et des parents. L'agression est majoritairement une agression instrumentale (en comparaison avec l'agression hostile).

■ *De 4 à 8 ans*

L'agressivité physique décline et l'agression verbale devient le mode d'agression dominant. Elle se présente sous la forme d'agression hostile que l'on repère le plus souvent après un conflit avec les pairs.

2.3 À l'adolescence

Les adolescents rejoignent des groupes de pairs avec lesquels ils ont de fortes affinités. De plus, ils présentent des habiletés plus importantes à la résolution de conflits et font montre de davantage d'autocontrôle. Ainsi les comportements d'agression, hors de la famille, concernent une faible proportion des adolescents (*cf.* ci-dessous).

En revanche, une augmentation du nombre de **conflits avec les parents** est fréquemment repérée. Ces conflits concernent le plus souvent la vie quotidienne (règles de vie, choix des vêtements, coupe de cheveux, tâches ménagères, sorties, résultats scolaires, ...). Cette augmentation des conflits ne conduit que rarement à une détérioration catastrophique des relations parents-enfant. Ils participent du processus d'individuation de l'adolescence.

2.4 Stabilité de l'agression au cours du développement

Les enfants ayant un haut niveau d'agression physique ou relationnel par rapport à leur groupe d'âge tendent à conserver ce niveau au cours du temps. Ayant suivi plus de 1 000 enfants de l'âge de 6 à 15 ans, des chercheurs (Brame et coll., 2001) ont identifié quatre types principaux de changement au cours du temps de l'enfance à l'adolescence :

- les garçons qui agressent rarement physiquement ont une probabilité élevée de rester non agressifs à l'adolescence (64 %) ;
- les garçons avec un niveau d'agression physique modéré qui décline au cours du temps (15 %) ;
- les garçons avec un haut niveau d'agression physique dans l'enfance (5 %) ont de fortes probabilités de devenir des adolescents avec un fort niveau d'agression ;
- un petit groupe de garçons à haut niveau de comportements oppositionnels comme la désobéissance, mais à faible niveau d'agression, tendent à avoir des formes de délinquance moins violentes que le groupe précédent (vols, etc.) (16 %).

Par ailleurs, chez les filles qui sont fréquemment engagées dans des comportements perturbateurs dans l'enfance, la probabilité est importante que ces problèmes persistent à l'adolescence.

3 L'agression : acquise ou innée ?

La question « acquis » ou « inné » ne se pose plus en ces termes. On comprend l'émergence et le développement des comportements d'agression comme une interaction des facteurs organiques et environnementaux.

3.1 Facteurs organiques

Des facteurs organiques pourraient contribuer **indirectement** au développement des comportements agressifs. Par exemple les caractéristiques physiques peuvent induire des rôles chez les enfants. Les plus forts et robustes d'entre eux pourraient avoir des jeux plus turbulents. Les jeux plus agités seront certainement davantage tolérés par l'environnement social chez les garçons que chez les filles. Mais nul enfant n'est par essence agressif et le gène de l'agressivité n'existe pas !

3.2 Facteurs environnementaux

L'environnement joue un rôle important dans le développement et le maintien des comportements d'agression. L'enfant peut être renforcé directement par son entourage ou indirectement.

■ *Apprentissages renforcés*

Beaucoup de comportements d'agression sont renforcés. Ils peuvent l'être par renforcement positif (ex : on félicite un enfant de ne pas « se laisser faire » lorsqu'il a frappé un autre enfant). Ils sont plus souvent renforcés négativement, le comportement d'agression supprimant une stimulation aversive de l'environnement. C'est par exemple le cas lorsqu'un enfant fait fuir un camarade de jeu en le poussant violemment alors qu'il voulait lui prendre son tricycle.

■ *Apprentissage par imitation*

Bandura a fortement contribué aux études sur le rôle indirect de l'environnement dans l'émergence des comportements d'agression.

Dans ses recherches, il montre à des filles et des garçons des modèles adultes, agressifs ou non, envers la poupée *Dodo* et s'intéresse à la généralisation des réponses imitatives lorsque le modèle adulte est absent. Les enfants exposés aux modèles agressifs reproduisent les comportements d'agression des modèles, particulièrement pour les garçons dont le modèle est un homme. Les enfants présentent même de nouveaux comportements d'agression. Bandura et coll. (1961) concluent qu'il n'y a pas besoin de renforcement explicite pour qu'un comportement d'agression soit maintenu, voire amplifié. Le sujet apprend par **imitation**.

■ *Le processus familial coercitif*

Les travaux de Patterson ont montré que les enfants décrits comme à haut niveau d'agression (*cf.* paragraphe 2.4) sont issus de famille où les interactions reposent sur la contrainte et les comportements d'agression sont fortement renforcés.

4 Les garçons plus agressifs que les filles ?

On présente souvent les garçons comme étant plus agressifs que les filles. Nombre d'études le confirment régulièrement. Des biais méthodologiques viennent nuancer ce propos. En effet les études évaluent souvent les **agressions directes** ou **manifestes** (insultes, coups, etc.) et négligent les **agressions indirectes**, appelées également **agressions relationnelles**. Ces agressions relationnelles se manifestent sous plusieurs formes comme exclure un enfant de son groupe de pairs, empêcher un enfant d'intégrer un groupe de pairs, colporter des rumeurs…

Björkqvist et coll. (1992) ont ainsi demandé à des adolescents lesquels parmi leurs camarades de classe présentaient des comportements d'agression en fonction des deux catégories – agressions directes et agressions relationnelles. Les résultats (figure 16.1) montrent que davantage de garçons que de filles sont considérés comme agressifs pour les agressions manifestes physiques, mais que les filles sont tout autant considérées comme agressives pour des agressions manifestes verbales et qu'elles sont considérées comme plus agressives pour les agressions indirectes ou relationnelles.

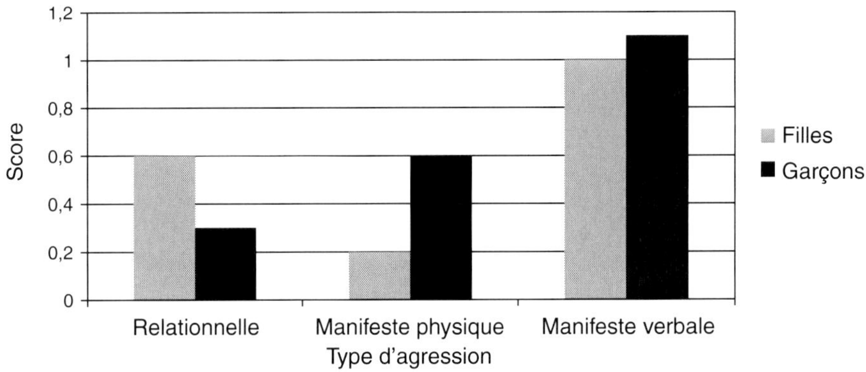

Figure 16.1
Différences de genre à trois types d'agression
chez des adolescent(e)s de 15 ans
(Björkqvist et coll., 1992)

Pour aller plus loin

BANDURA A., ROSS D., ROSS S.A. (1961). « Transmission of aggression through imitation of aggressive models », *Journal of Abnormal and Social Psychology*, *63*, 575-582.

BJÖRQVIST K., LAGERSPETZ K.M.J., KAUKIAINEN A. (1992). « Do girls manipulate and boys fight ? », *Aggressive Behavior*, *18*, 117-127.

BRAME B., NAGIN D.S., TREMBLAY R.E. (2001). « Developmental trajectories of physical aggression from school entry to late adolescence », *The Journal of Child Psychology and Psychiatry and Allied Disciplines*, *42*, 503-512.

Fontaine R. (2003). *Psychologie de l'agression.* Paris : Dunod.

Inserm (2005). *Trouble des conduites chez l'enfant et l'adolescent*. Paris : Inserm.

Montagner H. (1988). *L'attachement, les débuts de la tendresse.* Paris : Odile Jacob.

Novak G., Peláez M. (2004). *Child and Adolescent Development : A Behavioral Systems Approach*. Thousand Oaks, CA : Sage Publications.

Fiche 17
Apprentissage des rôles sexuels

Parmi les éléments de la conscience de soi qui se construit au cours du développement, il y a le **Moi sexué**.

1 Chronologie

1.1 *Le concept de genre*

Le **concept de genre** fait référence à la conscience de son propre sexe et à la compréhension de la permanence et de la constance du genre sexuel :

- **Identité sexuelle.** Entre 18 et 30 mois, les enfants commencent à s'identifier et identifier leurs pairs comme « fille » ou « garçon » et identifier les adultes comme « homme » ou « femme ».
- **Stabilité du genre.** À 4 ans, les enfants comprennent la stabilité du genre ; ils reconnaissent que leur genre était identique quand ils étaient petits et qu'il le restera au cours de leur développement.
- **Constance du genre.** L'enfant reconnaît qu'une personne ne change pas de sexe : un garçon reste un garçon qu'il ait les cheveux rasés ou qu'il se les fasse pousser.

Cette série d'étapes peut être mise en parallèle avec les étapes de la conservation de Piaget. Le concept de genre n'est complètement intégré que vers l'âge de 5-6 ans.

1.2 Rôles sexuels et stéréotypes

Les rôles sexuels se réfèrent aux comportements considérés comme adéquats pour un genre dans une société donnée. Dans cette optique, les stéréotypes peuvent être abordés selon deux approches, soit les caractéristiques associées à l'un et l'autre genre, soit les activités associées à l'un et l'autre genre. Une étude transculturelle (Williams et Best, 1990) montrait que les traits spécifiques associés aux deux genres sont très proches, y compris dans les cultures hors Europe de l'Ouest et Amérique du Nord. Les femmes sont considérées comme affectueuses, douces, sensibles, faibles, et les hommes sont considérés comme forts, cruels et agressifs.

Dès l'âge de 2 ans, les enfants associent certaines tâches ou objets respectivement aux hommes – voitures et outils – et aux femmes – aspirateur et nourriture. À l'âge de 3 ou 4 ans, ils peuvent déjà associer des activités ou des jouets en fonction du genre. L'étape suivante concerne l'association des traits de personnalité en fonction du genre vers l'âge de 5 ans. À 8-9 ans, ces notions sont bien intégrées.

2 Construction des rôles sexuels et influences

2.1 Influences biologiques

Les théoriciens se plaçant dans une perspective évolutionniste suggèrent que la vie de nos lointains ancêtres a affecté notre patrimoine génétique. Les hommes seraient ainsi génétiquement programmés pour la domination alors que les femmes le seraient pour l'intimité. Cela affecterait les comportements que nous adoptons.

Moins hypothétiques sont les résultats d'études qui montrent que les activités de jeux sont affectées par l'exposition aux hormones pendant la grossesse. Les petites filles exposées pendant la grossesse à de hauts niveaux d'androgènes tendent à présenter des comportements habituellement considérés comme « plus masculins » – préférence pour les camions et les jeux de construction – au détriment de jeux « plus féminins » comme les jeux de poupée.

L'expérience dramatique et médiatisée de David Reimer, né garçon, élevé comme une fille à la suite d'une erreur médicale lors de sa circoncision, renforce l'idée que les facteurs biologiques contribuent fortement à notre identité sexuelle. En dépit d'un traitement hormonal, celui-ci ne s'est jamais senti « fille ». Ayant appris la vérité de son réassignement de sexe, il décida de redevenir un garçon. N'ayant jamais surmonté les problèmes issus de son enfance, il se suicida à l'âge de 38 ans.

2.2 Influences environnementales

- **Famille.** En général les parents encouragent fortement les activités stéréotypées chez leurs enfants. Dès l'âge de 18 mois, des jouets différents leur sont offerts – les pages de catalogues de jouets ont ainsi des pages de couleur rose, bleu… et gris pour les jouets mixtes. De plus les parents renforcent davantage leur fils lorsqu'il joue avec des cubes ou des camions, et leur fille lorsqu'elle joue avec des poupées.
- **Enseignants.** Les enseignants encouragent également les stéréotypes sexuels, en qualifiant les filles *vs* les garçons par certains stéréotypes, selon lesquels par exemple les filles seraient calmes et les garçons agités.
- **Pairs.** Les pairs sont tout d'abord une source d'apprentissage vicariant. De plus les enfants peuvent renforcer ou punir explicitement les comportements de leurs pairs. En particulier les garçons sont raillés lorsqu'ils pratiquent une activité considérée comme une activité « pour les filles ».

- **Environnement social.** Bien que dans les pays d'Europe et en Amérique du Nord les stéréotypes de genre soient moins prononcés ces dernières décennies, ils persistent et donnent aux enfants de multiples exemples d'activités de genre stéréotypées, qu'il s'agisse du métier, des loisirs, des compétences et des façons de s'accomplir comme homme ou femme (Berk, 2005).

3 Aspects théoriques

La théorie freudienne explique l'adaptation des comportements appropriés à son sexe par l'**identification** au parent du même sexe vers l'âge de 4-5 ans. Pourtant les comportements appropriés au genre apparaissent plus précocement. **La théorie du schème de genre** est une approche intégrant des caractéristiques des théories de l'apprentissage social et cognitivo-développementale. Elle souligne que l'environnement social et les cognitions de l'enfant interagissent pour façonner le développement des rôles associés au genre (Martin et Halverson, 1987). Elle intègre donc les principes du renforcement par l'environnement social et les aspects du traitement de l'information.

L'environnement social permet l'émergence des catégories filles/garçons, ou schémas de genre, en renforçant certains comportements ou certaines règles sociales (ex : « les cheveux longs, c'est pour les filles ! »). Le renforcement n'est pas seulement explicite puisque l'enfant apprend également par l'observation et l'imitation de modèles. À partir des catégories de genre l'enfant interprète son environnement. Du point de vue de la théorie des schémas, l'enfant retiendra davantage les événements en cohérence avec le schème de genre déjà constitué ou les réinterprétera pour qu'ils s'intègrent à son schème. De fait, les stéréotypes de genre à propos des choses « faites pour moi » sont renforcés.

4 Réduire les stéréotypes sexuels chez les jeunes enfants

Peut-être avez-vous souffert de railleries lorsque vous jouiez à la poupée quand vous étiez un petit garçon ? Petite fille, vous désespériez que l'on vous offre des Playmobil® ? Lorsqu'un garçon ou une fille préfère une activité habituellement pratiquée par l'autre genre, on parle de **comportements sexuels croisés**. Socialement il est plus facilement admis qu'une fille se comporte comme un garçon plutôt que l'inverse. Dans ce cas, les parents semblent craindre que leur petit garçon ne devienne homosexuel, alors même que ces activités ne déterminent pas l'orientation sexuelle ultérieure.

Les mouvements de lutte contre les discriminations liées au genre mettent particulièrement l'accent sur la réduction des stéréotypes sexuels en matière de choix scolaires et de répartition des rôles dans le foyer. Si vous souhaitez réduire ces stéréotypes sexuels, il faut proposer aux enfants des alternatives aux stéréotypes, en partageant les tâches ménagères par exemple. Les enseignants peuvent également s'assurer que l'ensemble des enfants participe à des activités mixtes. Les parents et les enseignants peuvent également signaler les exceptions aux stéréotypes, en faisant par exemple remarquer les hommes et les femmes pratiquant une activité habituellement réservée à l'autre genre.

Pour aller plus loin

BEE H., BOYD D. (2003). *Psychologie du développement : les âges de la vie*. Saint Laurent (Québec) : éditions du Renouveau pédagogique, 3e éd.

BERK L.E. (2005). *Infants, Children, and Adolescents*. Boston : Allyn & Bacon, 5e éd.

DIAMOND M., SIGMUNDSON H.K. (1997). « Sex reassignment at birth : A long term review and clinical implications », *Archives of Pediatrics and Adolescent Medicine*, *151*, 298-304.

MARTIN C.L., HALVERSON C.F. (1987). « The roles of cognition in sex role acquisition », in D. Bruce Carter (éd.), *Current Conceptions of Sex Roles and Sex Typing : Theory and Research*, 123-138.

RUSINEK S. (2006). *Soigner les schémas de pensée*. Paris : Dunod.

WILLIAMS J.E., BEST D.L. (1990). *Measuring Sex Stereotypes : A Multinational Study*. Newbury Park, CA : Sage, éd. révisée.

Fiche 18
L'adolescence – une construction sociale

1 Définir l'adolescence

1.1 Qu'est-ce que l'adolescence ?

Le mot « adolescence » vient du latin « *adulescens* », qui signifie « grandir » ou « arriver à maturité ». Ce terme ne se référait auparavant à aucune classe d'âge en particulier. La définition traditionnelle de l'adolescence était fondée largement sur le développement physique, puisque l'on remarque une augmentation en taille et en poids à cette période. Désormais, le terme adolescence fait référence à la période de transition entre l'enfance et l'âge adulte.

1.2 Quelles sont les limites de cette période ?

Le début de l'adolescence reste fortement associé aux premières manifestations visibles de la puberté. Quant à la fin de l'adolescence, s'il n'y a pas de consensus, les points de vue convergent pour ne pas considérer la fin du processus pubertaire comme la fin de l'adolescence. La prise en compte du développement psychosocial ne permet pas non plus de définir de limite supérieure. Les critères potentiels comme les privilèges légaux, la maturité émotionnelle, l'autonomie financière, etc. sont atteints à des âges variables et souvent différents chez une même personne. Le droit de vote est acquis à l'âge de 18 ans en France alors que beaucoup d'étudiants ne sont financièrement autonomes qu'après 23 ans, âge moyen de la fin des études. Pour d'autres, la fin de l'adolescence est plus précoce, marquée par le fait qu'ils deviennent de jeunes parents au cours de leurs études.

Pendant cette période de transition, l'enfant change physiquement, mentalement, émotionnellement pour devenir un adulte.

2 L'adolescence comme construction sociale

L'adolescence comme nous la connaissons apparaît comme une construction sociale propre aux pays industrialisés dont on a des repères historiques.

2.1 Repères historiques

En France, comme dans d'autres pays européens ou d'Amérique du Nord, des dispositions législatives aux XIXe et XXe siècles ont participé de l'émergence de la période adolescente. Ces dispositions ont porté sur l'école, le travail et la justice.

- **L'école.** Les lois Ferry en 1881 et 1882 rendent l'instruction primaire obligatoire pour les enfants de 6 à 13 ans. L'école publique est gratuite et laïque. La volonté qui prévaut est de former des citoyens éclairés.
- **Le travail.** La première loi en date du 22 mars 1841 a consisté à limiter le temps de travail avec par exemple une limitation à six heures par jour pour les moins de douze ans et pas plus de douze heures par jour pour les mineurs de plus de douze ans. Par ailleurs, cette loi interdisait les travaux souterrains (mines) pour les enfants de moins de douze ans et pour les femmes, et fixait l'obligation pour les enfants de moins de douze ans de suivre des cours à l'école en dehors des heures de travail. À partir des années 1870, l'interdiction

du travail pour les enfants de moins de douze ans est progressivement mise en œuvre.

- **La justice.** L'ordonnance du 2 février 1945 relative à l'enfance délinquante a été élaborée par le gouvernement provisoire de la République française, issu de la Résistance, émue du sort des mineurs délinquants. Est alors créée une juridiction pour mineurs. Cette juridiction peut condamner le mineur (la sanction est modulée par les faits et l'âge du mineur) mais prend toute mesure pour favoriser l'éducation des jeunes concernés, les protéger et les assister.

En rendant l'école obligatoire, en excluant les enfants de certaines formes de travail et en leur reconnaissant un statut spécial pour la justice, la société a fait émerger une nouvelle période de développement, l'adolescence. Pendant cette période les jeunes commencent peu à peu à exercer des responsabilités d'adultes tout en étant protégés et vivant relativement séparés du reste de la population.

2.2 Rites de passage

Si les limites supérieures de l'adolescence sont difficiles à repérer dans les cultures européennes et nord-américaines, les rites de passage dans d'autres cultures marquent plus précisément le passage de l'enfance à l'âge adulte. Ainsi une cérémonie d'initiation annonce à la communauté qu'une personne est prête à passer à l'âge adulte. Leur pleine expression se trouve dans les petites tribus ou dans les sociétés villageoises (Berk, 2005).

En plus de la célébration, des éléments communs sont retrouvés sur l'ensemble de la planète, en particulier la séparation et la réussite d'une tâche. Ainsi les jeunes participants au rite sont-ils séparés de leurs parents et des membres de l'autre sexe. Ce temps de séparation peut être utilisé pour l'instruction concernant les pratiques sexuelles et le rôle à tenir dans la communauté comme adulte. Pour les garçons, un défi doit être relevé démontrant la bravoure ou la capacité à nourrir son foyer : chasser, marcher sur des braises, marcher sur des vaches, sauter d'une hutte la cheville attachée à une liane. Pour les filles, la tâche a souvent trait à la tenue du foyer (confection d'un panier par exemple) ou à la fécondité (confection de petites poupées). Les garçons sont le plus souvent initiés en groupe, alors que les filles sont initiées seules. On relève également les marques portées sur le corps : circoncision, excision, scarifications ou encore épilation des cheveux.

Dans ces circonstances, c'est la communauté qui marque le changement de statut du jeune. Des changements définitifs sont ainsi marqués, ce qui diffère des sociétés occidentales, où ce qui pourrait apparaître comme un rite de passage vers l'âge adulte (ex : la confirmation chez les catholiques), se télescope avec d'autres réalités qui ne permettent pas l'entrée dans l'âge adulte (ex : le fait d'être au lycée ou au collège).

3 L'adolescence comme tâche psychosociale

Erikson (1950, 1968), théoricien de la psychanalyse, peut aider à comprendre la problématique adolescente dans les pays de l'Ouest (Europe et Amérique du Nord). Pour lui, le sujet traverse des **stades psychosociaux** de développement du moi. À chaque stade correspond une tâche développementale particulière assignée par la société à laquelle il appartient. L'enfant en développement est en quête progressive de son identité, et l'adolescence est une étape cruciale pour devenir un adulte épanoui. Ainsi pendant cette période, l'adolescent doit choisir entre l'**identité** et la **diffusion de rôle**. Il doit se construire une identité nouvelle lui permettant d'assumer les différents rôles qu'il aura dans la société : rôle professionnel, rôle sexuel, éventuellement rôle religieux.

Pour aller plus loin

BERK L.E. (2005). *Infants, children, and adolescents*. Boston, Allyn & Bacon, 5e éd.

ERIKSON E.H. (1950). *Childhood and society*. New York : Norton.

ERIKSON E.H. (1968). *Identity: Youth and crises*. New York : Norton.

FIZE M. (1998). *L'Adolescence en crise ?* Paris : Hachette.

LUTTE G. (1988). *Libérer l'adolescence.* Liège : Mardaga.

5

Les troubles du développement

Fiche 19
Les troubles spécifiques des apprentissages

1 Définition

Les troubles spécifiques des apprentissages ne peuvent être attribués ni à un retard intellectuel, ni à un handicap sensoriel, ni à des conditions environnementales défavorables (*cf.* rapport de l'Inserm, 2007). Les difficultés spécifiques des apprentissages seraient d'origine neurobiologique et s'avèrent inattendues compte tenu des autres aspects du développement. Elles apparaissent cependant très tôt dans la vie et persistent souvent jusqu'à l'âge adulte interférant ainsi avec l'intégration sociale et scolaire. Il est important d'insister sur le fait que les facteurs environnementaux (*e.g.* linguistiques, socioculturels) aggravent ou compliquent les troubles mais ne les génèrent pas.

2 Une illustration : la dyslexie développementale

Chaque année, un certain nombre d'enfants scolarisés manifestent des difficultés dans l'apprentissage de la lecture et 15 % des enfants de 6e présentent encore des difficultés pour traiter l'écrit. Si la majorité des difficultés en lecture s'inscrivent dans le cadre de difficultés générales de l'apprentissage marquées par un retard scolaire général, 5 % des enfants présentant des difficultés en lecture peuvent être diagnostiqués comme dyslexiques.

■ *La dyslexie : des difficultés spécifiques en lecture*

La dyslexie développementale fait partie de l'ensemble des troubles spécifiques des apprentissages. Elle est un trouble neurologique héréditaire qui se manifeste par une difficulté persistante à acquérir la lecture chez des enfants par ailleurs normalement intelligents et éduqués.

La dyslexie développementale se caractérise donc par des difficultés spécifiques en lecture, plus particulièrement au niveau de l'identification des mots avec une lecture lente, hésitante, saccadée et des erreurs de types confusions auditives (*s-ch*) ou visuelles (*d-b*), des inversions (*or* à *ro*) ou encore des omissions (*arbre* à *arbe*). Il est important de souligner que ce type d'erreurs peut être observé chez tout enfant en début d'apprentissage. Le problème est lié à leur persistance chez les enfants dyslexiques. Consécutivement à ses difficultés au niveau de l'identification des mots, l'enfant peut manifester des difficultés de compréhension.

■ *Un déficit phonologique*

Les données scientifiques convergent pour expliquer la dyslexie par l'existence d'un déficit massif des compétences phonologiques. L'ensemble des études ayant comparé des enfants dyslexiques et des normo-lecteurs de même niveau de lecture et/ou de même âge chronologique souligne les difficultés, voire une incapacité, pour les enfants dyslexiques, à effectuer une analyse explicite de la structure phonologique du langage.

De telles difficultés seraient à l'origine des difficultés à établir et manipuler les relations entre les lettres et les sons de la parole (*i.e.* les correspondances graphèmes-phonèmes) qui sont à la base de la lecture dans un système alphabétique. Ainsi, les difficultés d'identification et de manipulation des unités phonologiques du langage constituent de ce fait une cause majeure des difficultés d'apprentissage de la lecture des enfants dyslexiques.

■ *Existence d'une comorbidité*

La dyslexie peut être isolée ou être associée à d'autres troubles développementaux (*cf.* figure 19.1).

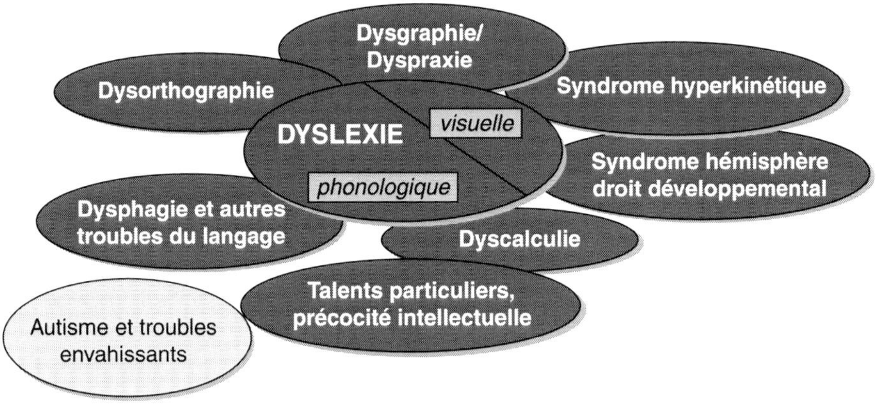

Figure 19.1

La constellation des dys

(Issu de Habib, in M.-N. Metz-Lutz, É. Demont, A. de Saint Martin, C. Seegmuller (éds.), Développement cognitif et troubles des apprentissages : évaluer, comprendre, rééduquer et prendre en charge, Solal, 2004, p. 221)

La comorbidité avec un ou des troubles développementaux est fréquente (*cf.* tableau 19.1).

Tableau 19.1
Recensement des diagnostics dans un Centre Référent des Troubles des Apprentissages
(Source : Habib, La Dyslexie à livre ouvert, Résodys, 2003)

Diagnostic	Nombre d'enfants atteints (n = 209)
Dyslexie-dysorthographie	177
Troubles du langage oral	84
Dyscalculie	48
Dysgraphie	37
Trouble déficit de l'attention/hyperactivité	32
Dysphasie	26
Précocité intellectuelle	21
Dyspraxie	19
Troubles des conduites	11
Autisme	2
Dyschronie	45

■ *Importance d'une prise en charge précoce*

Les conséquences des difficultés spécifiques en lecture sont variables en fonction du degré des troubles, de la précocité du diagnostic et de la remédiation mise en place.

L'absence de diagnostic et de prise en charge adaptée peut avoir comme conséquences :

- une inadaptation des attitudes de l'environnement familial et/ou scolaire (avec des réflexions malheureuses du style « il est paresseux », « il ne travaille pas ») ;
- l'apparition de troubles émotionnels secondaires aux difficultés et à l'inadaptation des attitudes de l'environnement. Ces troubles émotionnels (sentiment d'infériorité, anxiété, faible intérêt pour la scolarité, conduite de fuite avec indiscipline,

opposition) constituent autant de signes révélateurs de la souffrance de l'enfant ;

– des difficultés de plus en plus importantes avec un risque de difficultés scolaires généralisées et à terme un échec scolaire. Il s'avère en conséquence déterminant de mettre en place des aménagements scolaires indispensables pour ne pas pénaliser dans toutes les matières scolaires les enfants dyslexiques.

Poser un diagnostic et mettre en place le plus précocement possible une prise en charge adaptée nécessite de dépister le plus précocement possible en recensant notamment les signes prédictifs de risques de difficultés du langage écrit.

Pour aller plus loin

HABIB M. (2004). « Bases neurobiologiques de la dyslexie », in M.N. Metz-Lutz, E. Demont, A. de Saint-Mattin et C. Secgmuller (éds.), *Développement cognitif et troubles des apprentissages : évaluer, comprendre, rééduquer et prendre en charge.* Solal, 219-244.

RAPPORT DE l'INSERM (2007). Dyslexie, dysorthographie et dyscalculie : bilan des données scientifiques.

Fiche 20
Le Trouble Déficitaire de l'Attention/ Hyperactivité

1 Problématique et généralités

1.1 Diagnostic

Le diagnostic de Trouble Déficitaire de l'Attention avec Hyperactivité (TDAH) est posé sur la base d'un entretien clinique avec les parents et l'enfant. Des questionnaires, comme l'échelle de Conners, sont proposés aux parents et aux enseignants. Ils permettent de repérer les trois symptômes principaux du TDAH à savoir l'inattention, l'hyperactivité et l'impulsivité. On retrouve trois sous-types différents du TDAH : le type inattention prédominante, le type hyperactivité/ impulsivité prédominantes et le type mixte qui est le tableau clinique le plus fréquent (DSM-IV-TR, 2004). Les symptômes doivent se présenter dans au moins deux milieux de vie comme l'école et la maison et affecter le fonctionnement de l'enfant.

La connaissance par le grand public des signes de l'« hyperactivité » (ex : court ou grimpe partout) conduit à un nombre de consultations en hausse auprès des pédiatres et pédopsychiatres. Au Québec, seuls 58 % des enfants orientés pour un TDAH ont effectivement reçu un tel diagnostic en fin de processus d'évaluation. Pour certains enfants, aucun diagnostic n'est retenu (ils sont simplement des enfants dynamiques !), les autres reçoivent majoritairement un diagnostic pour d'autres pathologies dont les troubles anxieux et les troubles des apprentissages.

1.2 Prévalence

Le TDAH touche environ 3 à 5 % des enfants d'âge scolaire. Il est plus fréquent chez les garçons que chez les filles (une fille pour quatre garçons). Longtemps, il a été considéré comme un trouble spécifique de l'enfance, qui disparaissait à l'adolescence. Il est désormais établi que le trouble persiste à l'âge adulte chez 75 % des enfants hyperactifs ; c'est un trouble développemental chronique.

1.3 Concomitances

Le TDAH est souvent associé à d'autres troubles. Ainsi les enfants présentent dans 50 % des cas des troubles des apprentissages (*cf.* Fiche 19). Les troubles émotionnels associés sont essentiellement des troubles anxieux ou des troubles dépressifs, présents chez 25 à 30 % des enfants hyperactifs.

2 Étiopathogénie

Les recherches menées depuis plusieurs dizaines d'années tendent à confirmer que les altérations des fonctions cognitives et psychomotrices observées dans le trouble sont principalement d'origine génétique.

Le rôle de la dopamine a été particulièrement étudié. Celle-ci semble jouer un rôle important dans la symptomatologie primaire du trouble, qu'il s'agisse de l'excès d'activité motrice mais aussi des déficits cognitifs touchant en particulier les **fonctions exécutives** (ex : planification de l'action, inhibition de la réponse, etc.).

Le TDAH est une pathologie complexe et les recherches se poursuivent afin d'explorer plus avant d'autres hypothèses permettant de lier les aspects comportementaux, cognitifs et biologiques.

3 Interventions

Bien que d'origine génétique, des interventions pertinentes peuvent moduler l'expression des gènes affectés.

3.1 Pharmacologie

Les psychostimulants sont le traitement de choix du TDAH. C'est le cas du méthylphénidate ou Ritaline®, un psychostimulant inhibiteur de la recapture de la dopamine et de la noradrénaline. Il permet d'augmenter la concentration de ces neurotransmetteurs au niveau synaptique. Sa prescription en France est strictement réglementée. L'effet est quasi immédiat, mais sa durée d'action est courte (3-6 heures) ; le médicament n'apporte pas de guérison.

3.2 Abord cognitif

Les fonctions cognitives étant altérées dans le TDAH (planification de l'action, flexibilité, mémoire de travail, etc.), un des modes d'intervention porte sur ces aspects.

L'éducation cognitive vise à enseigner un nouveau savoir procédural à la personne atteinte d'un TDAH (ex : pratique de la résolution de problèmes, exercices d'auto-instructions). On ne peut séparer l'éducation cognitive de **l'éducation métacognitive** ; le jeune patient doit apprécier son propre fonctionnement cognitif afin d'être mieux en mesure d'adopter de nouvelles stratégies.

La **remédiation cognitive** concerne la rééducation des fonctions cognitives altérées. Dans le cas du TDAH, on visera souvent les troubles de l'attention. Il s'agit d'agir directement et indirectement sur les réseaux neuronaux sous-tendant les fonctions cognitives. Ils se distinguent parfois difficilement des programmes d'éducation cognitive puisqu'il s'agit de programmes caractérisés par la prise de conscience, l'autocontrôle, ou encore la gestion volontaire de processus attentionnels, mnésiques et exécutifs (Chevalier *et al.*, 2006).

3.3 Approche familiale

La prise en charge des parents d'enfant hyperactif est fondamentale et indispensable en raison des caractéristiques du trouble lui-même et des limites du traitement pharmacologique d'autre part (Barkley, 2002). Les répercussions des symptômes sont importantes au sein de la famille : l'enfant hyperactif a souvent une forte labilité émotionnelle, une faible tolérance aux frustrations et des difficultés à adhérer aux règles. Les enfants adoptent un comportement de défi, d'opposition et d'agression.

En réponse, les parents ont tendance à être directifs, critiques, à utiliser réprimandes et punitions, à formuler peu d'approbations. Ces modes relationnels tendent à se généraliser à d'autres situations : fratrie, pairs, enseignants. Quant aux parents, ils développent fréquemment un sentiment de frustration, d'incompétence, voire de détresse et le degré de satisfaction du couple parental est souvent faible.

L'approche familiale vise à favoriser des interactions parents-enfant plus harmonieuses ; elle se base sur les théories de l'apprentissage. Les parents apprennent à mieux repérer les difficultés de l'enfant inhérentes au trouble. Au travers de situations concrètes, ils apprennent à repérer les comportements adéquats de leur enfant, et à renforcer davantage ces comportements.

Les résultats des études montrent que le traitement combiné (traitement pharmacologique et approche familiale) s'avère plus efficace que le traitement médicamenteux isolé (National Institute of Mental Health, 2004).

Pour aller plus loin

BARKLEY R.A. (2002). « Psychosocial treatments for attention-deficit/hyperactivity disorder ».

CHEVALIER N., GUAY M.-C., ACHIM A., LAGEIX P., POISSANT H. (éds.) (2006). *Trouble déficitaire de l'attention avec hyperactivité : Soigner, éduquer, surtout valoriser*. Québec : Presses universitaires du Québec.

DSM-IV : TEXT REVISION. (2004). *Manuel diagnostique et statistique des troubles mentaux*. Paris : Masson.

KOCHMAN F. (2003). *Mieux vivre avec… un enfant hyperactif*. Boucherville, Québec : Arnaud Franel.

MÉNÉCHAL J. (2001). *L'Hyperactivité infantile : Débats et enjeux*. Paris : Dunod.

NATIONAL INSTITUTE OF MENTAL HEALTH (2004). *A Look at Attention Deficit Hyperactivity Disorder*. Bethesda, MD : NIMH.

Fiche 21
Quiz

1. *La psychologie du développement s'intéresse :*

❑ aux changements développementaux qui se produisent pendant l'enfance.

❑ à l'analyse des changements développementaux se produisant tout au long de la vie.

❑ à la genèse des comportements.

2. *La psychologie génétique :*

❑ s'intéresse exclusivement à l'étude des phénomènes relatifs à la transmission des caractères génétiques.

❑ s'intéresse également à l'étude des phénomènes relatifs à la transmission des caractères génétiques.

❑ ne s'intéresse pas à l'étude des phénomènes relatifs à la transmission des caractères génétiques.

3. *Le développement est :*

❑ entièrement et strictement déterminé par les facteurs endogènes.

❑ le produit de l'interdépendance entre facteurs biologiques et sociaux.

❑ aucune réponse correcte.

4. *Opposer la notion de développement à la notion de vieillissement est caractéristique de :*

- ❏ la conception classique de la psychologie du développement.
- ❏ la conception *life-span.*

5. *Parler en termes de stades va dans le sens de :*

- ❏ la continuité du développement.
- ❏ la discontinuité du développement.

6. *Distinguer un enfant qui parle d'un bébé qui ne sait pas encore parler reflète :*

- ❏ des changements quantitatifs.
- ❏ des changements qualitatifs.
- ❏ des changements quantitatifs et qualitatifs.

7. *Mettre en avant l'environnement biologique individuel dans l'explication du développement se rattache à :*

- ❏ une conception innéiste du développement.
- ❏ une conception empiriste du développement.

8. *Le coefficient de corrélation intra-paire entre les performances obtenues par des jumeaux monozygotes à un test d'intelligence est de 0.75 lorsque ces jumeaux ont été élevés séparément et de 0.87 lorsqu'ils ont été élevés ensemble. La différence entre les deux coefficients de corrélations reflète :*

- ❏ l'influence du patrimoine génétique.
- ❏ l'influence du milieu.
- ❏ l'influence du patrimoine génétique et du milieu.

9. *Les processus biologiques :*

- ❑ expliquent à eux seuls les influences normatives liées à l'âge.
- ❑ contribuent aux influences normatives liées à l'âge.
- ❑ influencent le développement uniquement pendant l'enfance.

10. *Parmi ces influences, quelles sont les plus générales du développement ?*

- ❑ les influences normatives liées à l'âge.
- ❑ les influences normatives liées à la génération.
- ❑ les influences non normatives.

11. *Les influences normatives liées à la génération :*

- ❑ concernent une minorité d'individus d'une génération particulière.
- ❑ sont le résultat de circonstances existant à un moment donné de l'histoire.
- ❑ sont le résultat de circonstances affectant un groupe d'âge donné.

12. *Les influences normatives liées à l'âge :*

- ❑ affectent tous les individus au même moment.
- ❑ sont le résultat de circonstances affectant les individus lors de leur enfance.
- ❑ aucune réponse correcte.

13. *Quelles sont les influences intervenant sur le développement les moins prédictibles ?*

- ❑ les influences liées à l'âge.
- ❑ les influences liées à la génération.
- ❑ les influences non normatives.

14. *Les avancées dans le traitement de certaines maladies* (e.g. *cancer*) *constituent :*

❏ un exemple d'influences normatives liées à l'âge.

❏ un exemple d'influences normatives liées à l'époque historique.

❏ un exemple d'influences non normatives.

❏ aucune bonne réponse.

15. *Dans une conception empiriste du développement, l'enfant est perçu comme :*

❏ un agent actif de son développement.

❏ un agent passif de son développement.

❏ aucune réponse correcte.

16. *L'approche transversale séquentielle consiste en l'étude :*

❏ d'un groupe d'enfants à plusieurs reprises.

❏ de plusieurs groupes d'enfants à différents âges.

❏ de plusieurs groupes d'enfants à un moment donné.

17. *L'approche privilégiée pour appréhender le processus développemental est :*

❏ l'approche longitudinale.

❏ l'approche transversale.

❏ l'approche transversale séquentielle.

18. *La méthode clinique a recours :*

❏ exclusivement à des techniques d'investigation normalisées.

❏ exclusivement à des techniques d'investigation non normalisées.

❏ aucune réponse correcte.

19. *Une variable indépendante est :*

- ❑ la (les) variable(s) manipulée(s) par l'expérimentateur.
- ❑ la (les) réponse(s) du sujet.
- ❑ aucune réponse correcte.

20. *Quelle est la limite de l'observation objective ?*

- ❑ elle n'est pas explicative.
- ❑ elle est non reproductible.
- ❑ ni l'une, ni l'autre.

21. *L'exposition à des scènes de violence télévisées détermine une augmentation de l'agressivité dans le jeu libre de l'enfant. Dans l'hypothèse ci-dessus, l'exposition à des scènes de violence télévisées constitue :*

- ❑ une variable indépendante.
- ❑ une variable dépendante.

22. *Dans l'hypothèse ci-dessus, l'agressivité dans le jeu libre constitue :*

- ❑ une variable indépendante.
- ❑ une variable dépendante.

23. *Yazid est un jeune garçon de 11 ans dont la puberté commence. Il devrait considérer que c'est une situation :*

- ❑ optimale.
- ❑ négative.
- ❑ ni l'un ni l'autre.

24. *Marie est une jeune danseuse de ballet classique dont la puberté n'a pas encore débuté à l'âge de 15 ans. Elle devrait considérer que c'est une situation :*

- ❑ optimale.

- ❑ négative.
- ❑ ni l'un ni l'autre.

25. *Le paradoxe de l'amnésie infantile :*

- ❑ est le fait de ne plus se souvenir des événements antérieurs à l'âge de 2-3 ans.
- ❑ est le fait de ne plus se souvenir des événements antérieurs à l'âge de 1 an.
- ❑ renvoie à l'incapacité de mémorisation des nourrissons.
- ❑ aucune bonne réponse.

26. *Lors de la phase de familiarisation du paradigme d'habituation, l'enfant :*

- ❑ encode les caractéristiques du stimulus présenté.
- ❑ se désintéresse du stimulus présenté car il s'endort.
- ❑ est souvent intéressé par le stimulus présenté.
- ❑ compare les caractéristiques du stimulus avec les traces mnésiques encodées lors de la phase de familiarisation.

27. *Quand pouvons-nous conclure que l'enfant a oublié le stimulus familier présenté lors de la phase de familiarisation ?*

- ❑ lorsque l'enfant s'intéresse au nouveau stimulus présenté lors de la phase test.
- ❑ lorsque l'enfant s'intéresse au stimulus familier présenté une nouvelle fois lors de la phase test.
- ❑ lorsque l'enfant ne s'intéresse pas au stimulus familier présenté une nouvelle fois lors de la phase test.
- ❑ aucune bonne réponse.

28. *Quel est le paradigme qui permet d'étudier les capacités de rappel chez le nourrisson ?*

- ❏ le paradigme d'imitation.
- ❏ le paradigme d'habituation.
- ❏ le paradigme d'apprentissage opérant.
- ❏ les trois paradigmes.

29. *Quel est le paradigme qui permet d'étudier les capacités de reconnaissance chez le nourrisson ?*

- ❏ le paradigme d'imitation.
- ❏ le paradigme d'habituation.
- ❏ les deux.
- ❏ aucun des deux.

30. *Quand pouvons-nous conclure que l'enfant a oublié le stimulus lors de la phase test du paradigme d'habituation ?*

- ❏ lorsque l'enfant s'intéresse au nouveau stimulus.
- ❏ lorsque l'enfant ne s'intéresse pas au stimulus déjà présenté lors de la phase de familiarisation.
- ❏ lorsque l'enfant s'intéresse au stimulus déjà présenté lors de la phase de familiarisation.
- ❏ lorsque l'enfant ne s'intéresse pas au nouveau stimulus.

31. *À la naissance, l'enfant peut apprendre à parler n'importe quelle langue qu'il entendra parler autour de lui :*

- ❏ vrai.
- ❏ faux.

32. *L'aspect spécifique de la lecture est :*

- ❏ l'identification des mots écrits.

- ❑ la compréhension écrite.
- ❑ l'identification et la compréhension.

33. *Les enfants au tout début de l'apprentissage de la lecture peuvent avoir des difficultés à accéder immédiatement à la signification des mots et/ou phrases qu'ils lisent :*

- ❑ parce que ce sont des mauvais lecteurs.
- ❑ parce que l'identification des mots n'est pas encore automatisée.
- ❑ parce qu'ils ont des difficultés de compréhension à l'oral.

34. *Lors de l'apprentissage de la lecture, la procédure alphabétique correspond :*

- ❑ à une étape fondamentale de l'apprentissage de la lecture.
- ❑ à la mise en place des règles de correspondances grapho-phonologiques.
- ❑ à l'accès indirect aux mots stockés dans le lexique mental.
- ❑ les 3 réponses.

35. *L'existence de la procédure logographique est remise en cause par les chercheurs :*

- ❑ vrai.
- ❑ faux.

36. *Quelle est l'autre appellation de la procédure alphabétique ?*

- ❑ procédure par assemblage.
- ❑ procédure par adressage.

37. *Parler de développement de la lecture est impropre :*

- ❑ l'affirmation est vraie.
- ❑ l'affirmation est fausse.

38. *Le lecteur habile peut également utiliser la procédure phonologique :*

- ❏ aussi fréquemment que la procédure orthographique.
- ❏ uniquement pour lire des mots inconnus.
- ❏ jamais.

39. *Si un lecteur est capable de distinguer des homophones (*i.e. *des mots qui se prononcent de la même façon mais s'écrivent différemment, comme « compte » et « conte »), il est probable qu'il utilise :*

- ❏ la voie directe.
- ❏ la voie indirecte.
- ❏ a) ou b) en fonction de l'expertise du sujet.
- ❏ les deux voies de façon égale.

40. *Le garçon qui se regarde pendant de longues minutes dans le miroir présente des comportements caractéristiques de :*

- ❏ l'audience imaginaire.
- ❏ la fable personnelle.
- ❏ les deux.

41. *Quels auteurs ont travaillé sur le thème de l'attachement ?*

- ❏ Ainsworth.
- ❏ Bowlby.
- ❏ Gewürtz.

42. *Classez les sous-stades du développement moral de Kohlberg dans l'ordre :*

- ❏ concordance interpersonnelle.
- ❏ punition et obéissance.

- ❏ conscience du système social.
- ❏ principes éthiques universels.
- ❏ contrat social et droit individuel.
- ❏ relativisme instrumental.

43. *Thomas mord sa sœur Andréane pour qu'elle lui donne son jouet. C'est une agression :*

- ❏ hostile.
- ❏ instrumentale.
- ❏ directe.

44. *Lorsque un enfant joue à un jeu habituellement réservé aux enfants de l'autre sexe, on parle de comportement sexuel :*

- ❏ convergent.
- ❏ croisé.
- ❏ inadapté.

45. *Les troubles spécifiques des apprentissages peuvent être attribués :*

- ❏ à un retard intellectuel.
- ❏ à un handicap sensoriel.
- ❏ à des conditions environnementales défavorables.
- ❏ à aucun de ces trois facteurs.

46. *Les enfants dyslexiques peuvent être diagnostiqués :*

- ❏ dès la 1re année d'apprentissage de la lecture.
- ❏ uniquement si l'enfant redouble son CP.
- ❏ à partir d'au moins 2 ans de retard en lecture par rapport à ce qui est attendu pour son âge.

▶ Corrigés

1. b ; **2.** b ; **3.** c ; **4.** a ; **5.** b ; **6.** b ; **7.** b ; **8.** b ; **9.** b ; **10.** a ; **11.** b ; **12.** c ; **13.** c ; **14.** b ; **15.** b ; **16.** b ; **17.** a ; **18.** c ; **19.** a ; **20.** c ; **21.** a ; **22.** b ; **23.** a ; **24.** a ; **25.** d ; **26.** a ; **27.** b ; **28.** a ; **29.** b ; **30.** c ; **31.** a ; **32.** a ; **33.** b ; **34.** d ; **35.** a ; **36.** a ; **37.** a ; **38.** b ; **39.** a ; **40.** a ; **41.** a et b. Le Gewürtz est un vin blanc d'Alsace, à ne pas confondre avec Jacob Gewirtz, psychologue américain qui, lui, a bien travaillé sur le thème de l'attachement ; **42.** b ; f ; a ; c ; e ; d ; **43.** b et c ; **44.** b ; **45.** d ; **46.** c.

Les *topos*

Psychologie sociale et relations intergroupes, A.-E. Azzi, O. Klein
L'identité sociale, L. Baugnet
L'entretien clinique, H. Bénony, K. Chahraoui
Introduction à la psychométrie, J.-L. Bernaud
Les méthodes d'évaluation de la personnalité, J.-L. Bernaud
Tests et théories de l'intelligence, J.-L. Bernaud
Les représentations sociales, C. Bonardi, N. Roussiau
Psychopathologie de l'enfant, M. Boubli
Psychanalyse et méthodes projectives, C. Chabert
Les psychothérapies de groupe, J.-B. Chapelier
L'observation clinique, A. Ciccone
Apprentissage et conditionnements, C. Clément
Introduction à la psychologie scolaire, G. Cognet, F. Marty
L'examen psychologique de l'enfant à la période de latence (6-12 ans), R. Debray
Le développement du nourrisson (0-2 ans), K. Durand
La motivation, F. Fenouillet
Le développement du langage, A. Florin
Introduction à la psychologie du développement (Enfanceet adolescence), A. Florin
Les représentations mentales, J.-M. Gallina
Qu'est-ce que la schizophrénie ?, N. Georgieff
Les métiers de la psychologie, R. Ghiglione
L'orientation scolaire et professionnelle, J. Guichard, M. Huteau
Psychologie dans le travail et les organisations (Ressources humaines et entreprise), C. Lemoine
Introduction à la psychologie, A. Lieury
Psychologie cognitive de l'éducation, A. Lieury, F. de La Haye
Relations et communication interpersonnelles, E. Marc, D. Picard
Introduction à la psychopathologie, J. Ménéchal
Qu'est-ce que la névrose ?, J. Ménéchal
Histoire de la psychologie, S. Nicolas
La mémoire, S. Nicolas
Les troubles psychiques à l'adolescence, F. Richard
Les épreuves projectives dans l'examen psychologique, P. Roman
Les émotions, S. Rusinek
Pour introduire la psychologie clinique, E. Schmid-Kitsikis
Introduction à la neuropsychologie, M. Siksou
L'évaluation psychologique des très jeunes enfants (0-6 ans), C. Tourrette
Le dessin dans l'examen psychologique de l'enfant, A.Vinay
Le développement social de l'enfant (du bébé à l'enfant d'âge scolaire), C. Zaouche-Gaudron

PSYCHO SUP (sélection)

LES OUVRAGES L1 - L2 - L3

Psychologie cognitive

Biologie pour psychologues. Cours et exercices (Boujard, Joly), 3e édition
Psychologie différentielle. Cours et exercices (Huteau), 3e édition
Lecture et réussite scolaire (Jamet)
Psychologie du développement. Enfance et adolescence. Cours et exercices (Lehalle, Mellier), 2e édition
Psychologie cognitive. Cours et exercices (Lieury), 4e édition
Mémoire et réussite scolaire (Lieury), 3e édition
Motivation et réussite scolaire (Lieury, Fenouillet), 2e édition

Psychologie clinique

Manuel de psychopathologie (Besançon et coll.)
La Pratique de la psychologie clinique (Perron et coll.)
La Pratique de l'entretien clinique (Poussin), 3e édition

Psychologie sociale

Le Groupe en psychologie sociale (Aebischer, Oberlé), 3e édition
Psychologie sociale. Cours et exercices (Cerclé, Somat), 2e édition
Initiation à la pratique sociologique (Champagne et coll.)
Les Concepts fondamentaux de la psychologie sociale (Fischer), 3e édition
Statistique pour psychologues. Cours et exercices (Guéguen), 3e édition
Manuel de recherche en sciences sociales (Quivy, Van Campenhoudt), 3e édition
La catégorisation et les stéréotypes en psychologie sociale (Sales-Wuillemin)
Introduction à l'analyse des phénomènes sociaux (Van Campenhoudt)

LES OUVRAGES L3 - MASTER

Psychologie cognitive

Manuel de neuropsychologie (Eustache, Faure), 3e édition
Psychologie du vieillissement (Fontaine), 2e édition
Psychologie cognitive du langage (Gineste, Le Ny)

Psychologie clinique

Épreuves thématiques en clinique infantile (Boekholt)
Nouveau manuel du TAT. Approche psychanalytique (Brelet-Foulard, Chabert et al.)
Méthodes, évaluation et recherches en psychologie clinique (Chahraoui, Bénony)
5 cas cliniques en psychopathologie de l'enfant (Chouvier)
Les méthodes cliniques en psychologie (Douville et al.)
Clinique des troubles psychosomatiques. Approche psychanalytique (Dumet)
15 cas cliniques en psychopathologie de l'adulte (Dumet, Ménéchal)
Le développement de la personnalité. Du normal au pathologique (Michel, Purper-Ouakil)
L'évaluation clinique en psychopathologie de l'enfant (Petot)

Série "Psychopathologie et psychanalyse"

Problématiques de l'hystérie (André, Lanouzière, Richard)
Processus de la schizophrénie (Azoulay, Chabert, Gortais, Jeammet)
Névroses et fonctionnements limites (Chabert, Brusset, Brelet-Foulard)
Actes et dépendances (Chabert, Ciavaldini, Jeammet, Schenckery)
Figures de la dépression (Chabert, Kaës, Lanouzière, Schniewind)
La Névrose obsessionnelle. Contraintes et limites (Cohen de Lara, Marinov, Ménéchal)
Phobie et paranoïa. Étude de la projection (Couchard, Sipos, Wolf)
Psychopathologie de l'expérience du corps (Debray, Dejours, Fédida)
Narcissisme et perversion (Jeammet, Neau, Roussillon)

Psychologie sociale

Psychologie de la santé. Modèles, concepts et méthodes (Bruchon-Schweitzer)
Psychologie des violences sociales (Fischer)
Les Concepts fondamentaux de la psychologie de la santé (Fischer, Tarquinio)
Psychologie de l'agression (Fontaine)
Psychologie de la manipulation et de la soumission (Guéguen)
Psychologie de l'orientation (Guichard, Huteau), 2e édition
Orientation et insertion professionnelle. 75 concepts clés (Guichard, Huteau et al.)
L'enquête quantitative en sciences sociales (Lebaron)

LES OUVRAGES MASTER - DOCTORAT

Psychologie cognitive

Traité des sciences et pratiques de l'éducation (Beillerot, Mosconi et al.)
Naissance et développement des concepts chez l'enfant (Berger, Blaye, Bonthoux)
L'Apprenance (Carré)
Apprentissages et enseignement. Sciences cognitives et éducation (Dessus, Gentaz et al.)
Comprendre les apprentissages. Sciences cognitives et éducation (Gentaz, Dessus et al.)
Psychologie cognitive de la cécité précoce (Hatwell)
Psychologie de la mémoire (Lieury)
Lecture et dyslexie. Approche cognitive (Sprenger-Charolles, Colé)

Psychologie clinique

Les névroses (Chabert et al.)
Mécanismes de défense et coping (Chabrol, Callahan)
Neuropsychologie de l'enfant (Lussier, Flessas)
L'hyperactivité infantile (Ménéchal et coll.)
Nouvelle histoire de la psychiatrie (Postel, Quetel)

Psychologie sociale

Traité de psychologie du travail et des organisations (Bernaud, Lemoine et coll.), 2e édition
Psychologie sociale et communication (Bromberg, Trognon)
Personnalité et maladies. Stress, coping et ajustement (Bruchon-Schweitzer, Quintard et coll.)
Traité des sciences et des techniques de la formation (Carré, Caspar et coll.), 2e édition
Psychologie sociale de la cognition (Dubois et al.)
Traité de psychologie de la santé (Fischer et al.)
Psychologie de l'identité. Soi et le groupe (Marc)
Introduction à la psychosociologie des organisations (Petit, Dubois), 3e édition
L'épuisement professionnel (Truchot)
La méthode d'analyse en groupe (Van Campenhoudt, Chaumont, Franssen)

51357 – (II) – (0.3) – OSB 80° - TYP -API

Dépôt légal : mai 2008, suite du tirage : novembre 2011
Achevé d'imprimer par Dupli-Print
N° d'impression : 186531
Imprimé en France
www.dupli-print.fr